오늘도
살아남았습니다

21년차 비서실장이 알려주는 **오피스 생존기술**

오늘도 살아남았습니다

Stories from a Long Day at work

한희선 지음

바른북스

목차

프롤로그

CHAPTER 1

비서란 무엇인가, 환상과 현실 사이

환상 속의 그대 13
비서라는 이름은 18
선택적 고독, 그 낭만에 대하여 23
믿음의 벨트: 견고한 신뢰의 힘 28
비서가 이런 것까지 해야 돼요? 32

CHAPTER 2

오피스 생존 기술

SECTION 1 일정 – 시간과 우선순위를 설계하는 전략

일정 말구 뭣이 중헌디? 41

비서의 시간은 상사와 함께 흘러간다 46

보고의 성공 여부는 타이밍이 8할 이상이다 50

디지털 툴과 아날로그 감각 54

SECTION 2 커뮤니케이션 - 연결자의 말 센스

확인 없는 확신은 위험을 부른다 59

누가 기침 소리를 내었는가? 62

좋은 질문은 생각을 확장시킨다 66

간결한 핵심 전달 – 요약력의 중요성 69

커뮤니케이션도 이제, 비스포크 시대 72

SECTION 3 정보 · 상황 - 보이지 않는 리스크를 다루는 감각

난 네가 어제 한 일을 알고 있다 77

실수의 회복 탄력성 82

비서의 비서들 – 든든한 AI 군단 86

나의 완벽한 비서 91

SECTION 4 비즈니스 매너 - 신뢰를 쌓는 행동과 디테일

매너는 사람을 만들고, 97

인사는 짧은 자기소개다 100

TPO에 맞는 옷차림 103

3無 전략 106

디지털 매너에도 품격이 필요하다 110

SECTION 5 정신력 - 감정 소비를 줄이고 집중력을 유지하는 법

워라밸도, 나도, 지켜야 산다 115
재벌집 막내아들은 아니지만, 121
모든 사람에게 인정받을 필요는 없다 125
감정 소비의 최소화 130

CHAPTER 3

성장과 확장: 사무실 너머의 세계

멋이 있는 여자들 137
오르막길 - 승진과 보상 143
나의 비서 아카데미 협회 148
딸의 장래희망 155
'브런치' 작가와 사내강사 159

감사의 말

프롤로그

'오늘도 살아남았다'는 것은 단순히 하루를 버텨냈다는 뜻만은 아닙니다. 주어진 일은 물론, 예상치 못한 변수와 감정의 파도를 넘기까지, 그 모든 순간을 마주해 충분히 겪어내고, 그 경험을 통해 다시 내일로 나아간다는 것을 의미합니다.

이 책은 그렇게 나아가며 알게 된 경험과 통찰, 그리고 오늘을 온전히 나로 살아가며 얻어낸 순간들의 기록입니다.

조직 내에서 성장하며 스스로 역할과 문제들을 인식하고 해결해 가는 과정, 그리고 어떻게 사람들과의 신뢰를 형성하고 더 넓은 영역으로 나아가는지에 대한 이야기를 담았습니다.

비서라는 직무를 기반으로 풀어냈지만, 사실 직장에서 일하는 모든 사람들의 이야기입니다. 조직 안에서 누구와 함께 일하든, 어떤 위치에 있든 우리는 매일 소통과 판단을 하고 감정을 다스리며 '나'라는 사람을 지키기 위한 기술을 배워가기 때문입니다.

물론 그 과정이 녹록지는 않습니다. 때로는 믿었던 관계에 좌절하고, 스스로 한계에 부딪혀 마음이 어렵기 때문입니다. 하지만 거기에 머물러 있지 않고 한 걸음 더 나아가려 한다면, 그조차 우리를 성숙하게 만들고, 스스로에 대한 깊은 이해를 할 수 있는 기회가 되며, 사람들 사이에서, 조직 안에서, 성장하고 발전하게 만듭니다.

『오늘도 살아남았습니다』는 그런 과정에서 경험하는 여러 가지 상황과 어려움들을 좀 더 효과적으로 다루는 방법에 대해 안내하고자 합니다.

이 책이, '나아가는 길'에 있는 당신에게 조금이라도 도움이 될 수 있기를, 작은 용기와 따뜻한 응원이 되길 바랍니다.

오늘도, 그리고 내일도
우리 모두 찬란하게 살아남기를 바라며.
한희선

CHAPTER 1

비서란 무엇인가, 환상과 현실 사이

CHAPTER 1

환상 속의 그대

비서가 되고 싶다고 생각했던 스물다섯의 그 처음으로
돌아간다고 해도 그래도 여전히 비서가 되고 싶다.
누군가의 조력자로, 그의 숨겨둔 마지막 병기로 활약하는 것은,
내게 여전히 너무도 매력적이기 때문이다.

정말이지 비서의 비자도 모르고 이 세계에 발을 들였다.

대학 시절 학교를 대표하는 홍보 도우미로 TV 출연 및 박람회 등에 참여하면서 사람을 상대하는 서비스직이 적성에 맞겠다는 생각을 했었고, 마침 그런 점과 딱 맞는 한 회사에 친구를 따라 지원하게 되었다.

긴장한 지원자들 사이 '내가 아니면 누가 합격할까?'라는 여유만만한 하룻강아지, 근본 없는 나의 모습이 오히려 플러스 요인이 되었던 것인지 모르겠지만 운 좋게 최종면접까지 가

게 되면서 '준비만 확실히 한다면 다음번 합격은 당연하겠는걸?'이라는 알 수 없는 자신감에 휩싸이게 되었다.

하지만 연달아 최종면접에서 2번을 더 낙방하면서 앓아눕게 되고, 거의 한 달간 침대와 혼연일체를 이루며 좌절감에 싸여 살았다. 눈 뜨면 울고, 감으면 자는 게 일상이었다. 실패감이 주는 감정이 생각보다 나를 무기력하게 만들었기 때문이다.

그런 감정이 지나갈 무렵에는, 빈둥거리며 여러 드라마를 섭렵하기 시작했는데 우연히 본 「오! 필승 봉순영」이라는 드라마에서 회사 오너를 보좌하는 프로페셔널한 비서의 모습과 태도에 매료되었다.

그렇게 '내가 가야 할 길은 바로 이 길이다!'라고 다짐하며 비서가 되기로 한 것이, 지금까지 21년 비서생활을 이어오게 한 시작의 모든 것이었다.

평생 공무원으로 지내셨던 아버지의 바람대로 공무원이 되고 싶지도, 학과 전공을 따라 부동산 분야로 뛰어들어 투자 전문가로 살아가고 싶지도(지금 같아선 되고 싶은데!) 않았기 때문에 더욱 나의 이 동기는 희망적인 상상이 더해져 환상적인(?) 비서의 세계로 가겠다는 다짐을 굳히기에 부족하지 않았다.

그러나 6개월간 대학교에서 교육받은 전문 비서과정을 마치고 입사한 회사에서는, 그야말로 '엉망진창' '우당탕탕'을 능가하는–이유 없이 바쁘고 눈알만 굴려대기 일쑤인 비서의 모습으로, 그렇게 몇 개월을 보내게 되었다. 너무도 바쁘고 긴박한 사무실의 템포를 따라가기에 풋내기 비서의 능력은 역부족 그 자체였기 때문이다.

오로지 근면 성실의 정신으로 버티던 고통의 시간이 지나고 가까스로 근성을 인정받은 이후에는 당시 국내 최고의 컨설턴트였던 상사로부터 강도 높은 고퀄리티 교육과 다양한 인도하심을 받았다. 그 덕분에 6개월 후부터 빠르게 '성장의 추월차선'을 타기 시작하여 비서와 관련된 모든 서적과 이론서를 섭렵했고, 외국어 실력까지 탑재하게 되어 '사내 최고 비서'라는 네임드가 되었다.

그 뒤로 화려했던 성장기를 지나 지금에 이르러 계속 비서의 길을 걷고 있지만, 여러 가지 일로 힘이 들 때면 가끔 이 길이 과연 내가 꿈꿨던, 그리고 가고자 한 길이 맞는 것인지 알 수 없는 순간이 찾아오곤 한다.

하지만 비서가 되길 꿈꾸며 바랐던 어떤 목표점이 있었다면 현재를 살아가고 있는 내가 선 바로 이곳이길 간절히 바란다. 드라마 속 환상적인 비서는 화면 너머의 꿈이었지만, 21년을 버텨내며 만들어 낸 진짜의 모습은 그 어떤 환상보다도 값지기 때문이다.

한 실장의 기술 전수

비서가 되고자 준비 중인 사람은 이 직업에 대해서 막연하게 상상하기보다는 관련 서적이나 영상 등을 보면서 업무에 대한 필요 지식과 취업 요건 등에 대해 미리 살펴볼 것을 추천한다.

1. 잭 웰치 다루기(한스미디어, 2005년) → 비서의 고전이라고 불릴 만한 이 책은, GE의 대표였던 잭 웰치와 오랜 시간 함께 일하며 겪었던 비서의 이야기가 담겨 있다. 상사의 업무 보좌를 위해 비서가 갖춰야 할 마인드셋에 대해 알 수 있다.

2. 악마는 프라다를 입는다(The Devil Wears Prada, 2006, 메릴 스트립, 앤 해서웨이 주연) → 비서에 대해 전혀 알지 못했던 주인공이 점차 성장하며 상사를 이끌어 가는 멋진 성장 스토리를 담고 있다. 비서의 광범위한 직무 영역과 성장 과정을 알 수 있다.

3. 인턴(The Intern, 2015, 앤 해서웨이, 로버트 드 니로 주연) → 오랜 시간 기업에서 일하며 부사장의 자리에서 퇴임하고 일 없이 지내던 주인공이 젊은 자수성가 스타일의 사장과 함께 일하게 되면서 인생도, 일도 함께 나누게 되는 이야기를 담고 있다. 상사와 비서의 케미와 포지션의 중요성에 대해 알 수 있다.

4. 나의 완벽한 비서(SBS, 2025, 이준혁, 한지민 주연) → 극 중 “시키는 것만 하면 돼요”라는 말이 비서를 좌절하게 하지만 진심으로 상사를 보좌하려는 진정성으로 상사의 마음으로 열고, 마침내 서로 의지하며 회사를 성장시키는 스토리. 상사의 리더십에 따른 비서의 업무 방향과 사례 등을 알 수 있다.

CHAPTER 1

비서라는 이름은

나는 어떤 비서인가? 어떤 비서를 꿈꾸었는가?
아직도 매일같이 스스로 묻는 질문이다.

미디어에서 비서의 이미지는 어떻게 그려지고 있을까?

첫 번째는 지적이고 냉철하며, 상대방의 의중을 몇 마디 말로도 꿰뚫을 수 있는 캐릭터이다. 하이힐에 칼 정장을 입고 늦은 밤까지 일해도 화장과 옷차림은 항상 정갈하며 심지어 텐션도 잃지 않는다. 야망이 크지만 극 중에서는 주로 배신의 아이콘이 된다.

두 번째는 늘 부산하고 정신이 없지만, 정이 많고 측은지심까지 있어 주위에 도움을 주는 사람들이 나타나는 캐릭터이다. 비록 집안 환경이 좋지 않지만 긍정으로 극복해 내어 일도 성공하고 마침내 '본부장님'의 사랑까지 쟁취한다.

그렇다면 과연 어느 타입이 현실에 더 가까운 것일까?

실제로 15년 차 이상인 오너비서들을 기준으로 세심히 관찰한 결과를 몇 가지로 정리하면, 다음과 같은 특징이 있다.

1. 신중하고 말이 많지 않다.
2. 소수의 그룹과 소통하며 외부 모임을 즐기지 않는다.
3. 인상 좋은 온화한 얼굴을 하고 있지만, 맡은 일은 끈질기게 성취하는 독기를 품었다.
4. 업무와 연계된 주요 인물을 포섭하는 능력이 타월하다.
5. 자신만이 가진 대체 불가의 '주특기'를 가지고 있다.
6. 상사를 가족같이 생각하며 삶의 일부분으로 받아들인다.

또한 다년간 여러 상황을 극복해 내며 훈련받은 그들은 본인을 스스로 높이지 않는 것이 몸에 배어 있다. 상사가 스케줄을 중복으로 만들어 놓아도 비서는 그것이 본인 실수로 그렇게 된 것이며, 다시는 그런 일이 발생하지 않도록 하겠다는 사과의 말까지 전한다. 물론 억울한 면이 있긴 하겠으나 상사의 마음이 편해야 비서도 편하다. 이것은 정말 사실이다.

그리고 주로 상사에 의해 성과 평가를 받기 때문에 한 우물만 파면 되기도 하지만, 한 우물만 파야 하는 역설적인 어려움도 있다. 이는 비서의 업무가 직속 임원을 서포트하는 것이기 때문에 그 사람과 호흡을 잘 맞추지 못한다면, 누구에게 하소연할 기회도 없이 이름 모를 부서로 좌천되거나 적당한 위로금과 함께 권고사직을 받게 되기 때문이다.

또한 상사의 스케줄에 따라 비서의 점심시간, 저녁 약속, 휴가가 결정되는데, 점심시간을 특정할 수 없어 혼밥으로 때우는 경우가 많아지고, 결국 김밥집 VIP가 되기도 한다.

저녁 약속은 상사의 회의가 끝나는 시간에 맞춰서 시작되며, 인간관계는 그런 것들을 이해해 주는 진짜 친구들과의 만남만으로 겨우 유지된다. 모임 중 연락이 끝없이 계속되고 여전히 업무가 끝나지 않는 광경을 옆에서 리얼하게 시청하게 된다면, 의도치 않게 불쌍한 직장인으로 인식되며 식사비도 1/N에서 열외 되는 '뜻밖의 행운'을 맞기도 한다.

그러나 가장 큰 어려움은 휴가를 상사에게 맞춰야 한다는 것이다. 상사가 휴가를 정하고 비서에게 힌트라도 준다면 감사하겠지만, 바쁜 상사가 미리 일정을 정하는 것은 지극히 어려운 일이기에 종종 가족과 맞추지 못한 일정으로 혼자 남거나, 마음 편하게 방콕(집에 있는 것)을 선택하게 되기도 한다.

하지만 이러한 현실적인 제약에도 불구하고 비서라는 직업은 상사의 업무 파트너로서 중대한 의사결정을 돕고, 답이 없을 것 같던 일도 결국엔 해결해 나가는 것을 통해 보람과 기쁨을 느끼게 한다. 그 옛날 "니들이 게 맛을 알아?"라는 대사가 괜히 유명해진 것이 아니다. 비서 일이 주는 즐거움을 알게 된다면, 이전까지 문제로 여겨졌던 것들이 더는 문제로 느껴지지 않는다.

한 실장의 기술 전수

멋진 휴가를 가고 싶다면?

1. **일정표 세분화**

   Daily/Weekly/Monthly/Yearly로 세세히 나누어 상사의 일정을 미리 파악할 수 있게 한다. 이렇게 미리 일정을 파악하게 되면 비서의 일정도 미리 정할 수 있기 때문에 임박해서 닥칠 위험에 대비할 수 있고, 좀 더 효율적으로 시간 관리를 할 수 있다.

2. **주요 인사들의 일정 파악**

   키맨들(주요 보고자)의 휴가 스케줄을 상사에게 보고 드리면서 동향을 살피는 것도 GOOD!

3. **스케줄 리뷰**

   12월에는 지난 1년간의 일정들을 보면서 다음 해의 일정도 가늠해 보고, 여러 가지 회사에서 주관하는 주요 일정도 파악해서 상사의 개인 일정과 겹치지 않도록 미리 표기해 두는 것도 좋다.

4. **주요부서 컨택**

   회사의 주요 일정은 주로 기획팀과 경영지원팀에서 수립하는 경우가 많으니, 담당자와 정기적인 스킨십을 하면서 정보 업데이트를 하도록 한다.

CHAPTER 1

선택적 고독, 그 낭만에 대하여

선택적 고독을 두려워하지 않는다.
다만 거추장스러운 인연과 지나가는 시절 인연에 연연해하지 않고
현재에 성실하며, 앞으로 나아가려 한다

인간의 고독함이란 죽을 때까지 해결되지 않는, 누구에게나 있는 문제라고 하지만 비서에게 있어 그 고독은 좀 더 깊고 무겁다.

일단, 물리적인 위치가 주로 임원실을 들어가기 전에 단독으로 이루어진 경우가 많고, 현업부서들과는 층이 다르거나 문으로 가로막혀 있는 경우가 대부분이다. 그러니 비서의 공간에는 주니어비서 + 시니어비서 이렇게 두 명이 팀으로 있거나 혼자 근무하는 환경이 되는 것이다. 물론 누군가는 이러한 근무 환경을 선호할지도 모를 일이지만 1~2년이 지나고

그 상황이 계속되다 보면 상황 자체가 외로움을 불러올 때가 많다.

그러나 깊이 들여다보면, 고독의 본질은 '나는 잘하고 있는 걸까? 얼마나 성장했나? 앞으로의 비전은 무엇이며, 어떤 방향으로 나아가야 할까?'와 같은 고민을 함께 나눌 사람이 곁에 없다는 데 있고, 비서의 삶을 진심으로 이해해 주는 이가 생각보다 드물다는 점도 그 이유 중 하나다.

밤낮 주말 할 것 없이 상사의 연락 범주 내에서 생활하며, 업무지시가 있으면 휴가지에서도 노트북을 꺼내야 하는 삶. 그렇지만 사람들의 시야 안에서 이루어지는 업무가 아니기 때문에 인정받지 못하는 것. 오롯이 상사의 인정을 받아서 살아가야 하는데 그것마저도 쉽지 않다.

또한 비서의 업무는 누군가와 협력하기보다는 상사의 지시사항을 정확하게 전달하고 그 의사가 확실히 이루어질 수 있도록 하는 역할을 하기 때문에 때로는 현업부서에서 "자기가 임원이냐" "찔러도 피 한 방울 안 날 것 같다" 등의 미움을 사기도 한다. 나 또한 주니어 때에는 상사의 의견을 정확히 전달하지 못할까 봐 다소 경직된 모습으로 내용을 전달하다 보니 그런 오해를 받기도 했다.

또한 생각보다 많은 사람들이 비서의 말을 상사의 의견으로 오해할 수도 있다. "비서가 그러는데~"로 시작되는 루머는 삽시간에 회사 전체로 퍼져 나가 어느새 상사의 공식적인 의견이 되어 있을 수 있는 것이다.

『불변의 법칙(저자: 모건 하우절)』이라는 책에서는 "좋은 일은 작고 점진적인 변화가 쌓여 일어나므로 시간이 걸리지만, 나쁜 일은 갑작스러운 신뢰 상실이나 눈 깜짝할 새에 발생한 치명적 실수 탓에 일어난다"고 밝혔는데, 특히 비서는 이런 삶의 법칙이 적용되는 경우가 많기에 매사에 더욱 신중하게 임해야 한다.

그렇기에 어떤 상황에서 누구와 어울리고 있어도 정신 차리고 있어야 하고 실수를 하지 않기 위해 말수를 줄이다 보면, 활발하고 적극적이었던 사람도 점차 스스로 고독을 자처하는 선택적 고독에 이르게 된다.

하지만 나중에 어떤 기회를 통해서든 본인의 따뜻하고 인간적인 모습을 보이고, 겸손하게 생활한다면 그런 오해들을 푸는 건 단지 시간문제일 뿐이니 너무 앞서 걱정하지는 말자.

물론, 비서실에 혼자 앉아서 일을 처리하면서 얼굴 한 번 보지 못했던 사람들과 전화 통화를 한다거나 이메일을 주고받기 때문에, 그럴 기회가 쉽게 찾아오지 않을 거라며 낙심할 수 있다. 하지만 회사 동호회에 가입하거나, 부서 회식에 적극적으로 참여해서 얻은 작은 기회들로 시작해 보는 것도 좋다.

나는 회사 스크린골프 동호회에 가입하여 수년째 직원들과 소통하며 지내는데, 매번 사장님과 한방에 배정되어 게임 내내 KLPGA에 참석한 듯한 긴장감을 가져야 하는 것만 제외하면 매우 즐거운 시간을 보내고 있다.

그러니 비서에게 고독은 '내 친구'라는 정신 무장으로 그러한 생활을 스스로 즐겁게 살도록 터득하는 수밖에 없다. 그렇게 지내다 보면 여러 노하우도 쌓이기 마련이니 고독한 생활에 대해 매몰되지 말고 즐기는 삶의 태도를 가져보자.

어쨌든 비서는 어디까지나 상사를 위해 존재하고 상사의 업무 효율성을 최대로 끌어올리기 위해 최선을 다해야 한다는 것을 늘 명심해야 한다. 그렇게 열심히 업무에 매진하다 보면 진심으로 홀로 고독하게 가고 있는 나를 인간적으로 응원하고 곁에 두고자 하는 사람들도 생기기 마련이다. 그럼 그런 사람들과 더불어 서로 격려하며 지내면 되는 것이다.

그러니 부디 당장의 고독을 힘들어하지 말고, 본인과 결이 같은 사람들을 만나 동맹하여 계속 나아가길 바란다.

한 실장의 기술 전수

네이버와 다음에 비서들이 활동하는 카페가 있다. 익명의 카페지만 고민을 나누고 인친이 되어 서로를 위로하고 격려하기도 한다. 여러 기업의 구직, 구인 정보와 면접 소스, 블랙리스트기업 등도 제공하니 무료 가입하여 인터넷 세상에서라도 외로움을 조금 덜어보길 권한다.

1. 네이버: 비서백서 https://cafe.naver.com/secretaryship
2. 다음: 미소가 아름다운 비서들 https://cafe.daum.net/cera0704

CHAPTER 1

믿음의 벨트: 견고한 신뢰의 힘

신뢰가 없으면 일을 '처리'하지만,
신뢰가 생기면 일을 '움직인다'.

비서생활을 하면서 가장 중요하게 생각했던 가치가 무엇이었는지를 묻는다면, 주저 없이 나는 '상사와의 신뢰 구축'이라고 답한다. 센스, 업무 능력, 커뮤니케이션 스킬 등 물론 요구되는 필수요건들이 많다 하더라도, 상사와 신뢰를 구축하여 업무와 일상을 함께 이끌어 나가는 것이 매우 중요하기 때문이다.

그렇다면 이 중요한 신뢰 관계를 어떻게 만들어 나갈 수 있을까?

답은 바로 '처음 맡겨진 일을 꾸준하고 성실하게 수행해 보는 것'이라고 할 수 있다. 그 일이 아주 작고 시시하게 느껴질 수도 있지만 상사는 수행 과정을 통해 비서를 판단하고자 한다. 그리고 그런 일들의 완성을 몇 차례 반복하다 보면 어느새 프로젝트 매니저로서 전체 흐름을 주도하여 일정을 관리하고, 진행의 순서를 정하는 위치까지 올라가게 될 것이다. 다만 여기서 말하는 '성실함'은 막연한 태도가 아니라, 기술로서의 성실함을 뜻한다.

1. 타이밍을 지키는 성실함

상사는 결과만 보는 사람이 아니다. 언제 보고하는가, 어떤 순서로 공유하는가에서 비서를 판단한다. 같은 내용도 타이밍이 맞으면 신뢰가 쌓이고, 타이밍을 놓치면 불안이 생긴다.

→ 보고의 성공 여부는 타이밍이 대부분을 결정한다.

2. 기준을 맞추는 성실함

상사마다 '좋은 결과'의 기준이 다르다. 어떤 상사는 숫자에 예민하고, 어떤 상사는 맥락과 배경을 먼저 본다. 비서는 그 기준을 빨리 읽고 적용해야 한다.

→ 상사의 방식대로 정리하고, 상사의 언어로 전달하는 것이 신뢰의 지름길이다.

3. 기록하고 복기하는 성실함

작고 소소한 일일수록 기록과 복기가 힘을 발휘한다. "저번에는 이렇게 진행했더니 만족하셨지"라는 학습이 쌓이면, 실수가 줄어들고 판단이 빨라진다.

→ 신뢰는 '기억의 정확도'에서 더 단단해진다.

그런데 형성된 신뢰를 기반으로 잘못된 방향으로 성장하는 비서들이 간혹 생겨나기도 한다. 비서는 상사의 대변인이지, 상사 그 자체가 아님을 알아야 한다.

"그 프로젝트에 대한 상사의 의중은 어떤 것 같아요?"라는 질문을 받기 시작한다면 더욱 조심하게 되길 바란다. 직접 언급했던 상사의 말조차 시간과 장소에 따라 달라질 수 있는 것인데, 비서가 추측하여 그 말씀을 전달한다거나, 모든 것을 알고 있는 듯 행동하는 것이 매우 위험하기 때문이다.

위험신호를 몇 가지 적어 보자면,

1. 상사의 말이 아니라 내 해석이 섞이기 시작할 때
2. 회의나 대화에서 상사보다 먼저 결론을 내고 싶어질 때
3. "내가 아니면 안 된다"는 과잉 확신이 들 때

이런 신호가 보이면, 잠깐 멈춰서 기준을 다시 세워야 한다. 비서는 확인한 것만 전달해야 하고, 확인되지 않은 것은 "확인 후 공유드리겠습니다"라고 말해야 한다.

이쯤 되면 비서의 생활이 무척 피곤하겠다는 생각이 들긴 하겠지만 이런 신중함이 결국 자신을 보호하는 방패가 된다. 내가 지켜낸 것들이, 먼 훗날 나를 지켜줄 것이다.

한 실장의 기술 전수

비서의 품격은 단순히 외모에서 나오는 것만은 아니다. 이야기를 나누면 나눌수록 지혜가 있고, 상사를 진심으로 보좌하려는 진실성과 업무 수행 능력, 그리고 이야기를 경청하고 잘 풀어가는 커뮤니케이션 능력 등이 더해졌을 때 비로소 비서의 품격이 완성된다고 생각한다.

어느 분야에서나 품격이 느껴지는 전문가들이 있기 마련인데, 비서라는 직업도 '전문비서'와 '사무보조'라는 분야로 양극화되어 가는 과정에 있다. 스스로 품격을 지키고 그 품격을 더해가는 전문비서가 되길 바란다.

CHAPTER 1

비서가 이런 것까지 해야 돼요?

지나온 모든 상사분들과의 소중한 만남이
나를 비서로서 성장하게 했다.
존경할 수 있는 상사를 만나 함께 일할 수 있는
기회가 있다는 것이 비서에게는 천운과도 같은 일이다.

"비서가 이런 것까지 해야 돼요?"

아이러니하게도 주니어비서들을 만나면 한 번씩 꼭 듣게 되는 질문이다. 비서의 업무 범위, 어디서부터 어디까지일까?

업무 매뉴얼을 만들면서도 생각해 봤지만 그 범위를 명확하게 정의 내리기가 쉽지 않았다. 왜냐하면 비서의 업무는 상사가 어떤 일을 맡기는가에 따라서 그 내용이 천차만별이며, 범위 또한 오롯이 상사가 정해주는 것에 달려 있기 때문이다.

기본적인 업무 내용들이야 사무실에서 일어나는 행정서비스를 바탕으로 되어 있지만 사실 그것보다 훨씬 넓고 깊은 영역에 비서들의 업무가 있다.

아래에는 실제 만나봤던 베테랑 비서들의 예상 밖 업무 내용을 4가지로 나눈 것이다.

1. 회사의 신규 사업 아이템을 직접 찾아내기 위해 상사와 함께 해외 주재하며 내용을 정리하는 비서
2. 상사의 이미지 메이킹을 위해 브랜딩에 주력하는 비서
3. 각종 행사를 기획하며 외부 전문가들을 섭외하거나 컨택하는 비서
4. 조직의 인사와 교육 분야에 TF로 활동하며 프로젝트를 함께 진행하는 비서

이렇게 전방위로 활동하는 비서들은 사내의 다른 팀으로 발령받거나 협업 TF에 소속되었을 때 더욱 활약할 수 있으며, 그 영향력도 커지기 때문에 "비서가 별걸 다 한다"라는 좁은 시각을 가지기보다는 어떠한 상황에서도 일을 완성해 내며 성장하는 모습을 갖추게 된다면 사내 핵심 인재로 발돋움해 나갈 수 있을 것이다.

하지만 현실적으로, 그 넓은 스펙트럼이 늘 긍정적으로만 느껴지지는 않는다. 내가 스스로 업무 범위의 선을 정해놓았는데 상사가 그 선을 넘어서는 요구를 한다면, 견디기 힘들 수밖에 없다. 그래서 만약 지시받은 업무가 계속해서 받아들이기 어렵고 버겁게 느껴진다면, 가장 먼저 해야 할 일은 혼자 견디는 게 아니라 상황을 꺼내놓고 면담을 하는 것이다.

본인이 어려움을 느끼는 지점이 어디인지, 수행하기 힘든 업무가 무엇이며 그 이유가 무엇인지, 소속 부서의 부서장이나 인사팀과 충분히 이야기해 보는 것이 좋다. 처음부터 벗어날 결정을 내리기보다, 해결할 방법이 있는지 먼저 찾아보자. 사실 어디를 가든 완벽한 환경은 없고, 비슷한 문제는 또 다른 모습으로 반복되기 때문이다.

하지만 그 과정에서도 돌파구가 보이지 않고, 더 이상 내 비전과 맞지 않다고 판단된다면 그때는 과감하게 다른 길을 선택해도 된다. 다만 그 결정은 감정이 아니라 정확한 문제 파악 위에서 내려야 한다. 문제의 근원이 업무 자체인지, 상사의 방식인지, 조직 문화인지 먼저 분명해져야 한다.

그런데 회사마다 비서에 대한 기대와 경험이 다르기 때문에, 때때로 각자 경험의 범위 안에서 비서의 능력과 수준을 규정하고, 기초적인 업무만을 부여하며 업무에 대한 기준을 낮추기도 한다. 하지만 그것은 그들의 경험치일 뿐이니, 내 능력치를 그 수준에 맞춰 하향 조정할 필요는 없다. 비서는 늘 성장하는 직업이고, 그 성장은 결국 나의 몫이다.

그래서 지금 맡겨진 업무가 너무 소소하게 느껴지거나, 누구나 할 수 있는 업무라는 생각이 들 때는 그 일을 남들이 못 하는 수준까지 끌어올려 보자. 그 순간 우리는, 'The Best'가 아니라 'The Only'가 된다. 그야말로 대체불가한 없어서는 안 될 사람이 되는 것이다.

그리고 다행히도 요즘의 상사들은 예전과 많이 달라졌다. MZ세대 상사들이 많아지면서 연령대도 젊어졌고, 더 이상 과거 회장님들처럼 무섭기만 한 존재는 아니다. 합리적이고 효율적인 방식을 추구하며 비서와 함께 성장하길 바란다.

그래서 실제로 외국어 교육을 포함해 업무 스킬을 향상시킬 수 있는 과정이나 MBA 같은 경영 수업을 지원받는 비서들도 적지 않다.

나 또한 주니어비서 시절 보스로부터 1:1 영어 수업을 지원받았고, 관리자급이 되었을 때는 회사 MBA 프로그램을 통해 경영마인드를 학습할 기회를 얻어 회사의 주요 인재들과 자연스럽게 네트워크도 쌓을 수 있었다.

그러니 처음에 주어지는 모든 업무를 소중히 대하고, 당장의 변화를 좇기보다는 성실하고 꾸준하게, 목표를 향해 나아가며 자신의 능력을 키워 더 큰 중요업무를 맡아가는 즐거움을 꼭 경험해 보길 바란다.

한 실장의 기술 전수

장인이 되기 위해서는 기본기가 탄탄해야 한다. 맡은 분야에서 탑이 되고 싶다면, 관련 업무를 모두 경험해 보고 섭렵해 나가야 한다.

일의 경중을 스스로 나누어 하고 싶은 일, 하기 싫은 일을 구분한다면 본인이 주체가 되어 진행해야 할 행사나 회의가 그 '하기 싫은 일'을 포함할 경우에 경험 미숙으로 인해 일을 완벽히 해내지 못할 것이기 때문이다. 기본기는 결국 내가 맡아본 일의 폭에서 나온다.

회사 생활에서 동료와 좋은 관계를 유지해야 하는 이유도 단지 마음속 이야기를 나누고 우정을 쌓기 위해서만은 아니다. 서로의 부족한 부분을 채워주고, 상대의 필요를 보완해 주는 협력 관계를 통해, 함께 더 나은 성과를 이끌어 내는 것이 진짜 목적이다.

CHAPTER 2

오피스 생존 기술

SECTION 1 일정

시간과 우선순위를 설계하는 전략

SECTION 1

일정 말구 뭣이 중헌디?

나의 MBTI는 J가 없는 ENFP. 다만 생계형 J로,
회사에서만 발현되는 선택적 J로 살아간다.
은퇴 후에는 '그저 발길 가는 대로 시간 흐르는 대로
즐기며 살아갈 수 있겠지'라는 즐거운 상상도 가끔 해보곤 한다.

일정 관리는 '비서 업무의 꽃'이라고 불릴 정도로 거듭 강조해도 부족하지 않다. 비서가 어떻게 일정을 관리하는가에 따라서 담당 임원의 하루를 지옥 경험으로 채울 수도 있기 때문이다.

뭐가 이렇게 거창하냐고?

굉장히 부지런한 비서가 본인의 체력과 컨디션을 기준으로 상사의 일과를 정한다고 가정해 보자.

보고는 아침 8시부터 촘촘히 배치되어 있고, 상사는 그 전에 자료를 검토하기 위해 7시부터 업무에 들어간다. 전날 강행군으로 컨디션이 좋지 않지만, 일정을 미룰 수 없어 힘들게 첫 보고를 소화한다. 잠깐 숨 돌릴 틈이 생길 것 같던 10시엔 다음 보고자들이 눈 앞에서 기다리고 있다. 회의는 예상보다 길어져 점심시간을 넘기고, 비서는 "30분이면 드시죠" 하는 마음으로 오후 일정을 또 빼곡히 채워 넣는다. 6시까지 꽉 찬 일정표를 보며 비서는 뿌듯하지만, 상사는 이미 체력과 집중력이 바닥을 치고 있다.

과연 상사는 이 일정 관리에 만족할 수 있을까? 대부분의 임원들은 "피곤해 보인다"거나 "힘들어 보인다"라는 말을 부담스러워한다. 늘 강하고 자신감 있게 보이고 싶어 하기 때문이다. 그런데 비서가 '우리 상사는 지칠 줄 모르시지'라는 착각 속에서 퇴근 전까지 한 명이라도 더 보고하게 스케줄을 채운다면, 상사는 문득 비서와의 아름다운 이별을 꿈꾸게 될지도 모른다.

그러니 상사의 상황과 특성을 반영하여 세심히 계획하고, 특히 아래의 요소들을 고려하여 일정을 관리하도록 하자.

1. 선호하는 업무 집중시간

2. 보고 시간 배정 비율

3. 보고 간의 연관성

4. 필요한 개인 시간

5. 식사 소요 시간(식사 장소에 따라 이동시간 고려하여 일정 수립 필요)

사소한 듯 보이지만 이러한 디테일이 상사의 컨디션에 영향을 미치고, 그것은 회의 결과로 이어질 수 있다. 중요할수록, 긴급할수록 더욱 심혈을 기울여 일정을 수립해야만 한다.

대기업 시스템이야 새벽부터 시작하여 돌아가는 경우가 대부분이고 임원들도 이 시스템에 익숙하기 때문에 가장 높으신 분의 스케줄에 반하지 않는 비슷한 기조로 가면 되겠지만 그래도 본부장 이상의 담당 비서로 일하고 있다면, 상사의 스케줄에 많은 직원들이 영향을 받고, 중요도와 긴급도도 반영해야 하기 때문에 꽤 많은 고심 끝에 일정을 수립하게 된다.

그렇게 공들여 만든 일정표는 상사와 비서의 하루를 안정시키는 수준을 넘어, 조직 전체의 흐름을 좌우한다. 그러니 일정 관리는 늘 가장 큰 비중을 두고 세심하게 들여다봐야 한다.

한 실장의 기술 전수

일정 수립 시에 고려해야 할 몇 가지 사항

1. 중요도와 긴급도

상사가 확인을 지시한 내용을 우선으로 하되, 상황을 고려하여 판단한다. 모든 상황에 동일하게 적용되는 법칙은 없다.

2. 선호시간 파악

상사가 스터디로 선호하는 업무 집중시간은 보고 및 미팅 시간에서 제외해 두자.

3. 제외 시간 파악

점심시간 직후나 금요일 오후 4~5시 시간은 중요업무 스케줄로 배정하지 말자.

〈참고: 아이젠하워 매트릭스〉

1. 긴급하고 중요한 일(Do First):

즉시 해결해야 하는 일로, 이런 일들은 종종 중대한 결과를 초래하거나 매우 중요한 데드라인이 있을 때 발생

예: 긴급한 보고서 제출이나 중요한 회의 준비

2. 중요하지만 긴급하지 않은 일(Schedule):

장기적인 목표나 성장에 기여하는 일들로, 바로 해결할 필요는 없지만 계획을 세워서 꾸준히 진행해야 할 일정

예: 전략적 프로젝트 기획, 연간 사업계획

3. 긴급하지만 중요하지 않은 일(Delegate):

즉시 처리해야 하지만, 꼭 상사가 직접 할 필요는 없는 일, 위임이 가능한 일

예: 집무실 점검 등

4. 긴급하지도 중요하지도 않은 일(Eliminate):

이런 일들은 시간 낭비일 수 있으므로, 가능한 한 피하거나 제거

예: 불필요한 회의나 중요하지 않은 이메일 회신 등

SECTION 1

비서의 시간은 상사와 함께 흘러간다

나는 시드니를 사랑한다. 시드니는 대자연과 모던한 도시의 모습을 모두 품고 있고, 무엇보다 상사의 출장으로 인한 '시간의 재편성'이 거의 일어나지 않는 곳이기 때문이다.

출장은 단순한 이동이 아니다. 특히 해외 출장은 시차와 언어, 문화의 벽까지 더해져, 비서의 준비와 관리 능력의 차이가 여실히 드러난다.

출장을 준비할 때 가장 먼저 해야 할 일은 전체 동선의 큰 그림을 그리는 것이다. 항공권과 호텔 예약은 기본이고, 회의 일정과 식사, 이동시간을 한 장의 표에 정리해 '흐름'을 만드는 것이 중요하다.

상사는 '몇 시에 어디에 있어야 하는지'만 보면 되도록, 모든 여정을 하나의 선으로 설계해야 한다. 이동 사이에 쉴 수 있는 짧은 공백을 넣는 것도 잊지 않는다. 전체 컨디션이 곧 성과로 이어지기 때문이다.

해외 출장은 변수 관리도 필수적인데 항공편이 지연되거나 짐이 분실되는 상황이 적지 않고, 미팅이 취소되거나 현지 교통이 막히는 것도 예외가 아니기 때문이다. 따라서 비용보다는 안정성이 높은 방법으로 기획하고 변수를 최대한 줄이는 것으로 준비하도록 한다.

항공편을 고를 때도 단순히 여행사가 제안한 일정만 받기보다, 지도를 보며 더 짧고 안정적인 루트가 있는지, 대체 교통편은 무엇인지 먼저 확인해 직접 가이드를 만든 뒤 요청하는 편이 좋다. 요즘은 스카이스캐너나 네이버 항공 같은 가격 비교 사이트가 잘되어 있어, 조금 손품만 팔아도 예산을 크게 줄일 수 있다.

예를 들어 여행사 수수료가 5%라고 가정하면 항공료 500만 원 기준으로 25만 원이 수수료로 나간다. 금액이 커질수록 시간과 비용을 함께 설계하는 비서의 역량이 더 드러나게 된다. 또 하나 중요한 것은 각국의 입국 절차에 관한 사전 스터디이다. 아시아권 출장이라면 ABTC 카드(APEC Business Travel Card)가 큰 도움이 되는데, 이는 APEC 회원국 간 비즈니스 여행자를 위해 발급되는 카드로, 대부분의 회원국에서 비자 없이 신속 입국이 가능하다. 별도의 패스트트랙(Fast Track)으로 입국하기 때문에 복잡한 비자 절차와 긴 대기 시간을 줄여 출장 효율을 극대화한다.

미국 출장의 경우에는 글로벌 엔트리(Global Entry)를 활용할 수 있다. 이는 미국 입국 시 자동화 게이트를 통해 빠른 심사가 가능한 프로그램으로, 사전 등록만 해두면 긴 줄 대신 몇 분 만에 입국할 수 있다. 그러나 편리한 만큼 발급되는 데까지 최대 6개월이 소요될 수 있어 충분한 시간을 가지고 준비하도록 한다.

출장 후에도 일이 끝난 것은 아니다. 영수증과 정산, 보고서 작성, 후속 미팅까지 챙겨야 진짜 일정이 마무리된다. 이때, 작은 경험이라도 기록해 두면 다음 출장에서 큰 자산이 된다. "어느 공항은 환승이 복잡하다" "현지 식사 시간은 늦춰 잡는 게 좋다" 같은 디테일이 쌓여 상사의 출장을 좀 더 편하고 안전하게 만든다. 그리고 그 편안함이 곧 비서에 대한 신뢰로 돌아온다.

한 실장의
기술 전수

출장 일정은 준비와 실행, 사후 관리까지 이어지는 종합 프로젝트다. 특히 해외 출장일수록 사소한 준비 하나도 놓치지 않도록 한다.

1. 출발 전

1) 항공권 · 호텔 · 이동 수단 예약은 '중복 확인'이 필수
2) 여권 · 비자 · 보험 · 현지 통화까지 체크리스트를 만들어 점검
3) 회의 자료와 발표 파일은 클라우드 · USB 등 다중 백업
4) 출장 시 **ABTC 카드로** 비자 문제를 줄이고, 미국 출장 시 **글로벌 엔트리(Global Entry)**를 통해 입국 절차를 간소화

1. ABTC 19개 가입국

(1) 비자 면제

(2) ABTC 전용 패스트트랙 이용

상용 목적 방문 시 입국 비자를 별도로 신청하지 않아도 되며, ABTC 전용 패스트트랙을 통해 신속한 출입국 수속이 가능합니다.

오스트레일리아 (AUS)	브루나이 (BRN)	칠레 (CHL)	중국 (CHN)	홍콩 (HKG)
인도네시아 (IDN)	일본 (JPN)	한국 (KOR)	멕시코 (MEX)	말레이시아 (MYS)
뉴질랜드 (NZL)	페루 (PER)	필리핀 (PHL)	파푸아뉴기니 (PNG)	러시아 (RUS)
싱가폴 (SGP)	태국 (THA)	대만 (TWN)	베트남 (VNM)	

출처: https://abtc.kita.net/reqinfo/info/cardIntroduce.do(한국무역협회)

2. 출장 중

1) 이동 · 회의 · 식사 · 휴식 시간을 연결한 일정표를 항상 휴대
2) 돌발 상황에 대비해 대체 동선 · 연락처 점검
3) 현지 교통 · 통역 · 의전 등 협력자와 실시간 커뮤니케이션 라인 유지

3. 출장 후

1) 영수증 정리와 비용 정산을 신속하게 처리
2) 출장 보고서와 후속 미팅 준비까지 연결
3) 이번 경험에서 얻은 교훈을 기록해 다음 출장에 반영

SECTION 1

보고의 성공 여부는 타이밍이 8할 이상이다

일정표는 단순히 시간의 흐름이 아니라
상사가 중요하게 생각하는 순서로 작성한다.
상사가 가장 집중할 수 있는 시간에,
가장 중요한 일을 넣는 사람이 진짜 일 센스를 가진 비서다.

주니어비서일 때 겪었던 당황스러운 순간 중 하나는, 분명 준비를 완벽히 끝냈다고 생각해서 시작한 보고였는데,

"나중에…"라는 상사의 반응을 봤을 때였다.

당시에는 내용만큼 중요한 건 타이밍이라는 사실을 전혀 알지 못해 일어난 일로, 보고의 내용에 집중하느라 상사의 보고받을 시점을 전혀 계산하지 못했기 때문에 생긴 일이었다.

비서의 일정 관리란 단순한 스케줄링이 아니라 '언제 말해

야 할지를 간파하는 일'을 포함한다.

"사장님, ○○ 회의는 내일 오후 3시에 잡았습니다."
"그거, 오늘 오전에 하기로 했던 거잖아요. 왜 이렇게 늦췄나요?"

비서는 나름대로 다음 일정과 자연스럽게 이어지도록 배치했지만 상사 입장에서는 급한 안건을 미룬 것처럼 느껴지기도 한다. 그렇기에 스케줄링을 할 때는 '맥락의 타이밍'도 고려해야 한다. 같은 회의라도, 보고 전에 미리 브리핑을 해야 하는 안건인지 외부와의 일정 후 바로 진행하는 게 좋은 흐름인지, 일정 간의 리듬을 만들어 줘야 상사도 편안하게 움직일 수 있기 때문이다.

예를 들어,

1. 오전 외부 미팅, 오후 내부 회의

오전 미팅의 여운이나 감정선이 이어질 수 있으니 중간에 짧은 개인 시간이나 내부 점검 시간을 배치하는 것이 좋다.

2. 하루 종일 이어진 일정

중요한 회의는 오전 10~11시 사이에 배치하는 것이 집중도와 회의 효율이 가장 높다.

3. 상사가 전날 늦게 퇴근했거나 출장에서 막 돌아온 날

오전 일정은 과감히 비워두고, 여유 있는 시간부터 시작한다. '비워두는 용기'도 일정 관리의 중요한 스킬이다.

회의 요청이 들어왔을 때도 '지금 바로 보고해도 되는지' 확인하도록 하고, 상사가 막 회의에서 돌아온 직후, 숨을 돌리기도 전에 "○○팀에서 회의 일정 잡자고 합니다!" 하고 달려가지 않도록 한다. '타이밍을 보는 눈'과 '흐름을 읽는 감각'을 발휘해 상사의 리듬과 흐름에 맞춰 일정을 설계한다면, 일 센스 있는 비서가 될 수 있다.

한 실장의
기술 전수

일정을 조율할 때 타이밍을 살리는 루틴

1. 상사의 루틴 파악
   1) 오전 집중형인지, 오후 회의형인지, 성기적인 피로 구간 체크

2. 직전 일정의 성격을 고려해 다음 일정 배치
   1) 외부 미팅 후 내부 회의는 여유시간 확보
   2) 회의-보고-결정이 한 흐름으로 연결되게 구성

3. '지금 아닌 것 같을 땐' 과감히 변경
   1) 중요한 보고일수록 상사의 컨디션과 시점을 고려해 다시 조율

SECTION 1

디지털 툴과 아날로그 감각

•

"다음 주 금요일 일정 하나 추가해도 되겠어요?"라는 질문에도
"그날은 일정이 빠듯해서 스케줄 잡기가 어렵습니다"라고 대답하던
눈이 초롱초롱하던 비서는,
지금 마흔다섯 살의 눈이 침침한 비서가 되었다.

일정 관리는 정확성과 세심한 판단이 요구되기에, 도구는 디지털 툴, 판단과 감각은 아날로그를 중심으로 두 가지를 함께 적용할 때 가장 단단해진다.

디지털 툴은 강력하다. 구글 캘린더, 아웃룩, 팀즈, 슬랙 알림까지 이 모든 시스템이 상사의 일정을 빈틈없이 관리하고 실행하도록 알려주고, 겹치는 회의는 자동으로 피드백해주기에 바쁜 일정도 순조롭게 진행할 수 있게 된다. 자동 알림은 깜박 잊어서 놓치는 실수를 줄여주고, 공유 캘린더는 팀 전체의 움직임을 알 수 있게 해주어 시간을 효율적으로 사용

할 수 있도록 돕는다.

하지만 나는 여전히 메모지와 펜을 좋아한다. 직접 손으로 적어 보면서 다시 한번 일정들을 생각하기도 하고, 관련된 내용도 떠올리며 빠뜨린 것은 없는지 확인하는 시간을 갖기 때문이다.

예전에 아웃룩 일정 공유 시스템을 쓸 수 없는 회사에서는 캘린더가 프린트된 곳에 작성하여 보고하고, 상사가 업데이트된 내용을 적거나 말씀해 주시면 반영하여 수정하던 때가 있었다.

종이를 휴대하고 다니는 것이 불편해서 거의 한 달 치 일정을 모두 외우고 다니며 상사가 문의할 때 언제든 답변할 수 있는 상태에 있었다. 정말 기적적이게도 어떤 상황에서든지 “나 그날 일정 뭐 있어요?”라는 상사의 질문에 적어둔 이미지가 떠오르며 막힘이 없었으니 그 시절 내 머릿속에는 오로지 ‘비서 업무’만이 들어 있었던 것 같다.

이제는 핸드폰이나 태블릿을 휴대하여 언제든 일정을 실시간으로 확인할 수 있기에 그럴 필요가 없어진 것이 얼마나 다행인가?

더불어 업무를 편리하게 해주는 각종 AI까지 등장하였으니 최대한 활용하여 업무에서 기본적이며 반복적으로 일어나는 일들의 양을 줄이고 질적으로 향상된 업무성과를 가져가면 좋을 것이다. 반복 업무(일정 정리, 리마인드, 문서 요약 등)는 AI에 맡기고, 비서는 판단과 우선순위, 그리고 상사의 흐름을 읽는 일에 더 집중하면 된다.

한 실장의 기술 전수

비서들이 가장 보편적으로 활용하는 두 가지 일정 공유 방법을 소개한다.

1. Microsoft Outlook 캘린더

데스크톱 Outlook 앱 (Windows/Mac)

1) 캘린더 열기

① Outlook을 실행하고 하단의 '캘린더' 아이콘을 클릭

2) 공유 설정

① 왼쪽 캘린더 목록에서 공유할 캘린더를 마우스 우클릭

② '속성' 또는 '캘린더 공유' 선택

③ 또는 상단 리본 메뉴에서 '홈' → '캘린더 공유' 클릭

3) 공유 대상 추가

① '추가' 버튼을 클릭하여 상사의 이메일 주소 입력

② 권한 레벨 선택

- 검토자: 일정만 보기 가능
- 편집자: 일정 추가/수정 가능
- 소유자: 모든 권한(삭제 포함)

4) 알림 발송

① '공유 초대 보내기' 체크

② '확인' 클릭하여 공유 초대 이메일 발송

2. Google Calendar

웹 브라우저에서 설정

1) 캘린더 접속

① calendar.google.com 접속하여 Google 계정으로 로그인

2) 설정 메뉴 진입

① 왼쪽 '내 캘린더'에서 공유할 캘린더 옆 점 3개(?) 클릭

② '설정 및 공유' 선택

3) 특정 사용자와 공유

① '특정 사용자와 공유' 섹션에서 + '사용자 추가' 클릭

② 상사의 Google 계정(Gmail 주소) 입력

4) 권한 설정

① 권한 선택

- 한가함 또는 바쁨만 보기: 시간대만 확인 가능
- 모든 일정 세부정보 보기: 일정 제목과 내용까지 확인 가능
- 이벤트 변경: 일정 수정 가능
- 이벤트 변경 및 관리: 일정 생성/수정/삭제 모든 권한

5) 공유 완료

① '보내기' 클릭하여 공유 초대 발송

SECTION 2 커뮤니케이션

연결자의
말 센스

SECTION 2

확인 없는 확신은 위험을 부른다

"~라고 말씀하신 게 맞을까요?"라는 질문 하나가, 많은 감정 소모와 불필요한 업무를 줄여준다.

여러 명의 보고자들이 모여 있다. 그들은 보고 후 상사가 한 말에 대해서 각자 다르게 이해했다면서 논쟁을 벌이고 있는 것이다.

상사의 지시 사항 중에 이해가 되지 않거나 오해의 소지가 있을 법한 내용을 즉시 확인했다면 이런 수고는 덜 수 있겠지만 거의 모든 보고자들이 보고 중에 상사의 말을 되묻는 용기를 내지 못한다.

확인이 없으면 결국 각자 해석이 생긴다. 그리고 그 해석은 종종 전혀 다른 결론으로 흘러간다. 그래서 영화 「내부자들」의 이병헌처럼 옛 애인의 말을 제대로 이해하지 못하고 모히토도 몰디브도 몰랐기에 "모히토 가서 몰디브나 한잔하자"라고 말할 수밖에 없는 것이다.

비서의 경우도 커뮤니케이션 능력을 보면 그 비서가 얼마나 오랫동안 일했는지, 누구와 일했는지 등을 짐작할 수 있다. 커뮤니케이션 능력이란 단순한 정보 전달을 넘어, 상대의 의도를 파악하고 그 니즈를 충족시키는 과정까지를 포함하는데, 이 과정에서 상대방의 숨은 의도나 욕구를 파악하기 위해서는, 되묻기라는 확인의 기술이 반드시 필요하다.

그러나 많은 사람들이 '이해력이 부족하다'는 인상을 줄까 봐, 충분히 의도를 파악하지 못하고도 확인 없이 그냥 넘어가는 경우가 있는데, 이러한 회피는 결국 예기치 못한 결과를 낳을 수 있다. 그 순간의 불편함을 감수하더라도, 한 번 더 되묻고 확인하는 태도가 필요하다.

전화로 오간 대화는 반드시 메일로 다시 한번 확인하고 서로 대화 중 틀린 부분이 없는지를 살펴본다. 특히 숫자나 이름 등 예민할 수 있는 부분을 크로스체크 하도록 한다.

한 실장의 기술 전수

대학생 시절, 면접 스터디에서 만났던 한 학생의 대답이 아직도 선명하게 기억난다.

"본인의 단점이 뭐라고 생각하시나요?"라는 질문에 그는 이렇게 답했다.

"네, 세 단점은… 끈질기게 확인하는 데 있습니다.

친구들과 어딘가를 갈 때도 예약이 정확히 되었는지,

교통편은 더 좋은 게 없는지,

비용은 충분한지 계속 체크하게 되거든요.

친구들이 "제발 그만해!" 할 때까지 확인하는 버릇이 있어서 그게 좀 힘들고요. 요즘엔 세 번까지만 확인하려고 노력 중입니다."

'단점'을 빙자한 '장점'의 멋진 방출이었다.

면접을 앞두고 있다면, 이 사례를 본인 경험에 녹여서 활용해 보자.

SECTION 2

누가 기침 소리를 내었는가?

•

상사의 기분이 좋아 보여서 다행이라고,
회의는 성공적이라고 말하는 사람들 속에서 나는 알아차렸다.
이제 줄줄이 불려와 반성의 시간을 가지게 될 것을.

TV 드라마 「태조 왕건」 궁예의 '관심법'은 아직도 밈으로 돌 정도로 재미있는 영상 중 하나이다. 하지만 비서인 나에게는 이 관심법이 한낱 즐거운 밈으로만 느껴지지는 않았다.

비서라는 직업이 상대방의 상태와 기분을 알아차리고 반응해야 하는 극한의 직업이기도 하기 때문이다. '센스 없는 비서'는 세상에 존재할 수 없다. 비서에게 센스는 선택이 아니라 생존 기술이다.

센스 탑재와 더불어 예민함도 가지게 되는 비서들은 어떤 상황에 대한 변화를 재빨리 파악할 수 있게 된다. 상대방의 말투나 태도, 표정에 이르기까지 무엇 하나 '놓치지 않을 거예요'라는 생각으로 임하기 때문이다.

그래서 종종 "눈치가 진짜 빠르시네요. 어떻게 아셨어요?" 같은 말을 듣는 것도 사실은 정보가 빨라서가 아니라, 상대방 언어의 톤과 태도에서 먼저 캐치했기 때문인 경우가 많다.

그러니 비서와 얘기를 나눌 때는 포커페이스를 유지하도록 하자. 특히 비서를 가족으로 둔 사람들은 거짓말로 상황을 넘기려 말고 정공법으로 상황을 타개해 보는 것을 추천한다. 비서들은 Sixth Sense, 즉 육감을 풀가동해 상황을 빠르게 포착할 가능성이 크다. 설령 그냥 넘어갔다 하더라도, 이는 그 사람이 관대함에 익숙해진 결과일 수 있다.

다시 돌아와 비서들의 관심법은 점점 발달해서 집무실 안에 계시는 상사의 기분조차 알아차리고 멀리서 걸어오는 발소리만 들어도 오늘의 기분을 파악할 수 있는 경지에 오른다.

상사와 8년 정도 함께 일해간다는 어느 비서에 의하면, 3년 정도부터는 회의 내용 및 컨디션만 봐도 어떤 사람을 다음 보고자로 대기시켜야 할지, 언제 어디를 가시게 될지를 알 수 있게 되었다고 한다. 경험이 쌓이면서 상사의 리듬이 보이기 시작하고, 전체의 흐름도 파악할 수 있게 된 것이다.

하지만 관심법은 종종 비서의 건강에 좋지 않은 결과로 나타나기도 하는데 문자나 카톡 등의 메시지를 읽을 때도 관심법이 작동하기 때문이다. 한 줄의 문장과 부호 하나에도 의미를 해석해야 하는 순간이 오고, 내적 번역이 끊임없이 이어진다. 이 감각이 과해지면, 일보다 감정에 더 지치게 된다.

그러니 그 감각은 스스로를 소모시키지 않는 선에서 다뤄지길 바란다. 상사의 감정에 끌려다니지 않고, 자신의 리듬을 회복하는 자기 조절력이야말로 오래 버틸 수 있는 진짜 힘이 되기 때문이다.

한 실장의 기술 전수

적절한 센스 가동법

1. 사실과 해석을 분리하기

싱대의 말투니 표정에서 감정의 변화를 느꼈다면,
즉시 반응하지 말고 ‘이건 사실인지, 느낌인지’를 구분해 본다.

2. 필요한 정보만 남기기

상사의 하루 표정, 목소리, 말투 등을 전부 기억하려 들면
머릿속이 금세 피로해진다.
대신 ‘오늘 일에 필요한 정보’만 남기고, 나머지는 의식적으로 내려놓는다.
→ 업무 관련/정서 관련/기타 잡음으로 구분 메모해도 좋다.

3. 회복 루틴을 생활화하기

퇴근 후에는 감각을 끄는 시간을 의식적으로 만든다.
예: 조용한 음악 10분 듣기, 따뜻한 차 한 잔

SECTION 2

좋은 질문은 생각을 확장시킨다

비서가 날카로운 질문을 던지면, 상사의 생각도 더 뚜렷해진다. 그래서 비서에게 질문은 단순한 의사소통의 도구가 아니라, 상사의 생각을 정리하고 결정의 핵심을 짚어내는 중요한 역할이 된다.

상사의 질문에 정확히 답하는 것은 기본이다. 그보다 한발 더 나아가 숨은 의도까지 읽어 질문할 수 있는 사람, 그 사람이 진짜 유능한 비서다.

"이 미팅은 몇 분 정도 배정하는 게 좋을까요?"
"보고 순서를 ○○팀부터 시작하는 게 맞을까요?"
"출장 중 식사 자리는 어떤 성격으로 준비할까요?"

이런 질문은 단순한 호기심이나 확인이 아니다. 질문을 통해 얻은 정보가 일정 관리와 프로젝트 진행의 디테일을 완성시키기 때문이다.

걷보기에 평범한 회의처럼 보여도, 상사에게는 전략적으로 매우 중요한 자리가 될 수 있다. 보고 순서에도 우선순위가 있고, 점심 한 끼조차 누군가와의 관계를 염두에 둔 자리일 수 있다. 드러나지 않는 맥락은 비서가 직접 묻지 않으면 절대 알 수 없다.

어떤 비서는 "상사가 귀찮아할까 봐…" 하는 걱정에 질문을 줄이기도 한다. 하지만 질문은 단순히 묻는 행위가 아니라, 일을 더 정확하고 명확하게 하려는 책임감의 표현이다.

그 질문 하나하나가, 비서가 순비하는 일정과 자료에 방향성을 불어넣는다. 무엇보다, 질문 없이 상사의 의도도 모른 채 일을 처리하는 것은 위험하다.

'내가 봤을 때는…'라는 비서의 추측이 개입되는 순간, 신뢰는 금세 무너질 수 있다. 그래서 더욱, 비서는 스스로 판단하기보다 상사의 관점에서 놓쳤을 가능성이 있는 지점을 확인하고 질문해야 한다. 그 과정 자체가 상사의 생각을 선명하게 하고, 더 확장된 판단으로 이어지게 한다.

한 실장의 기술 전수

질문의 역할

1. 사전 안전장치
미리 물어야 실수로 시간을 낭비하지 않는다.

2. 디테일을 얻는 방법
같은 '회의'라도 목적, 기대, 흐름을 질문해야 전체 그림이 보인다.

3. 상사의 생각을 읽는 창구
상사의 답변 속에서 우선순위와 방향성을 발견한다.

4. 신뢰의 형성
정확한 질문과 답변의 반복이 상사와 비서 사이의 신뢰 자산을 키운다.

SECTION 2

간결한 핵심 전달 - 요약력의 중요성

비서의 말은 줄일수록 가치가 커진다.
정보의 밀도를 높이는 기술, 그게 바로 요약력이다.

말이 길어질수록 상사는 피로해진다. 정보가 많다는 것이 곧 능력으로 여겨지던 시대는 지났다. 이제는 핵심을 간결하게 전달할 줄 아는 사람이 '센스 있는 비서'로 인정받는다.

나 역시 한때는 친절한 설명이 미덕이라고 믿었다.

"○○팀의 제안서를 보면, A는 가격이 저렴하고, B는 조건이 유리하며, C는 일정이 빠릅니다…." 이처럼 줄줄이 나열된 정보는 결정을 돕기보다는, 보고자가 스스로를 안심시키기 위한 행위에 가깝다. '일은 했으니 내 역할은 끝났다'는 자기 위로일 뿐이다. 보고에 필요한 것은 정보를 늘어놓는 기술이 아니라, 핵심을 요약해 '결정 가능한 상태'로 만드는 역량이다.

두꺼운 보고서를 단 몇 분 만에 정리하고, 핵심만을 뽑아 전달하며, 결정 가능한 제안을 함께 전할 수 있어야 한다. 그래서일까. 조직 내 상위로 갈수록 요약력이 뛰어난 사람이 많다. 요약은 단순한 내용 줄이기가 아니다. 정보의 본질을 꿰뚫는 통찰력이 있어야 가능하다.

비서에게도 이러한 능력은 필수적이다. 상사에게 필요한 정보만 남기고, 불필요한 내용을 과감히 덜어낸 뒤, '결정할 수 있는 상태'로 전달하는 것, 이것이 바로 비서의 핵심 역량이다.

이 능력이 부족하면 어떤 일이 벌어질까? 상사는 보고서를 다시 읽어야 하고, 회의는 길어지며, 결정은 늦어진다. 결국 상사의 에너지가 요약되지 못한 정보 속에서 새어 나가는 것이다.

회의록 작성도 마찬가지다. 방대한 회의 내용을 효과적으로 요약하여, 상사가 단 한 장만 읽고도

무엇을 결정해야 하는지,

어떤 리스크를 점검해야 하는지,

다음 액션이 무엇인지,

파악할 수 있게 도울 수 있다면, 비서의 업무 역량은 점차 인정받는다.

결국, 비서는 여러 안건들에 대해 상사가 결정이 가능하도록 이끄는 사람이며, 그 힘의 출발점이 요약력이다.

한 실장의 기술 전수

1. 핵심만 전달하는 말 습관 만들기

1) "그래서?"를 대비해 항상 한 문장 결론 준비하기

2) 예: "핵심은 A안이 가장 실행 가능하다는 점입니다."

3) 3단 구성법: 결론-근거-제안

① "이번 일정은 조정이 필요합니다.
외부 일정 중 거래처 방문일정이 추가되어,
오전 11시로 변경 제안드립니다."

2. 상사 성향별 요약 방법 조정하기

1) 숫자형 → 수치 비교 중심

2) 감정형 → 사람과 맥락 중심

3) 전략형 → 결과 · 효율 중심

3. 회의/보고/자료 모두 '한 줄 요약'부터 시작하기

1) 문서 상단에 '핵심 요약' 섹션 추가

2) 회의 메모도 '핵심 → 결정사항 → 후속 조치'로 요약정리

SECTION 2

커뮤니케이션도 이제, 비스포크 시대

상사의 언어를 파악하여 그 언어를 '구현'할 수 있는 사람이 되면 비서에게 커뮤니케이션은 강력한 '무기'가 된다.

누구에게나 널리 적용되는 커뮤니케이션의 기본이 있다. 경청하고, 끝까지 듣고, 적절히 반응하는 것. 다들 아는 이야기다.

하지만 비서의 커뮤니케이션은 그 기본 위에서 한 걸음 더 나아가 상사가 가장 쉽게 이해하고 바로 결정할 수 있는 방식으로 말하는 것을 의미한다.

상사마다 생각하는 순서도 다르고, 결정을 내리는 기준도 다르며, 좋아하는 말의 톤과 리듬도 제각각이다. 그래서 비서에게 필요한 건 ‘비스포크 커뮤니케이션’이다.

상황과 사람에 맞춰 어떤 내용을 먼저 말할지, 얼마나 짧게 말할지, 어떤 톤으로 전달할지를 조절하는 능력. 같은 말이라도 상사에게 딱 맞는 형태로 맞춰 전달할 때 소통은 훨씬 빠르고 정확해진다.

상사의 말투와 반응, 컨디션은 날마다 달라지고, 같은 말이라도 톤과 타이밍에 따라 효과가 완전히 달라진다. 그래서 비서는 상사의 언어와 반응 패턴을 관찰하고, 그에 맞춰 말하는 방식도 유연하게 조율해야 한다.

물론 이런 기술은 하루아침에 생기지 않는다. 시간이 쌓이면서 상사의 언어가 보이고, 그 언어에 맞춰 조율하는 감각도 자란다. 중요한 건 계속 맞춰가는 과정이다. 상사의 방식에 맞게 말의 순서와 밀도, 톤을 조정하는 일이 쌓일수록 소통은 빨라지고 오해는 줄어든다.

결국 비서의 커뮤니케이션 능력은 단순히 ‘말을 잘하는 기술’이 아니라, 상사의 언어를 이해하여 그의 방식대로 소통을 하는 데 있다. 그렇게 축적된 맞춤형 대화는 어느 순간 상사에게 "이 사람과 일하면 일이 편해진다"는 생각으로 이어지게 한다.

한 실장의 기술 전수

상사별 맞춤 커뮤니케이션 전략

상사를 '분석'한다는 말이 조금 거창하게 들릴 수도 있지만 결국 핵심은 간단하다.
상사가 편하게 받아들이는 언어로 말해주는 것.
그것만 해도 소통의 속도와 신뢰는 눈에 띄게 달라진다.

1. 빠른 결단형 상사

특징: 말수가 적고, 빠른 결정을 선호
전략: 핵심 먼저 → 요약정리 → 선택지 제시
예시:
"대표님, 오늘 일정 중 두 가지 조정이 필요합니다.
A안은 외부 미팅 우선, B안은 내부 회의 우선입니다.
A안으로 정리할까요?"

2. 감정형 상사

특징: 말투와 분위기에 민감
전략: 말의 톤 조절 + 공감 섞기 + 여운 남기기
예시:
"상무님, 이번 주 일정이 조금 타이트하시죠.
그래서 수요일 오후는 여유 있게 비워두었습니다."

3. 꼼꼼한 검토형 상사

특징: 말보다 데이터, 근거를 더 중시

전략: 문서 기반 설명 + 수치 제시 + 요약 결론

예시:

“회장님, A안은 비용 10%, 인력 15% 절감 효과가 예상됩니다.
비교자료는 표로 정리해 두었습니다.”

4. 예측 불가 즉흥형 상사

특징: 즉흥적인 생각과 말이 많음

전략: 핵심 내용 집중 유도 + 정리해드리는 역할 수행

예시:

“사장님 말씀을 정리하면, ○○안 중심으로 검토하고
이 방향으로 회의 일정을 잡으면 될까요?”

SECTION 3 정보 · 상황

보이지 않는 리스크를 다루는 감각

SECTION 3

난 네가 어제 한 일을 알고 있다

비서로서 가장 큰 자부심 중 하나는 상사의 정보를 철통같이 지켜냈다는 사실이다. 이것은 상사와 비서의 관계를 견고하게 만드는 것 중 단연 최고의 신뢰 자산이다.

"상사분 요즘 소문이 있던데, 사실인가요?"라는 질문을 받는다.

"그게 무슨 말씀이세요??" 잠시 뜸을 들인 후,

세상에 다시 없을 모나리자급 알 수 없는 표정을 선보이며 그 자리를 유유히 떠난다. 친분이 있다고 해도 예외는 없다. 상사와 관련된 코멘트는 하지 않는다. 피하는 게 상책이다.

물론 상사의 이미지 메이킹이나 브랜드에 관련해서는 목이 쉴 정도로 빅 마우스가 되기도 한다. 하지만 신상이나 루머에

관해서는 일절 입 밖으로 내지 않는다. 그 선은 반드시 지켜야 한다.

비서들 중 일부는 상사의 정보로 자신의 입지를 굳히고 조직 내 정치하는 데 기꺼이 활용하기도 하는데 그럴 땐 그 상사가 조금 측은해 보이기도 한다.

왜 이렇게 상사의 정보에 민감해야 할까? 상사의 정보는 회사와 긴밀히 연결되어 있는 것이 대부분이고, 특히 스케줄에는 누구를 만나고 어떤 대화를 나누는지가 포함되는데, 회사 정책 및 인사 방향 등을 포함하는 내용을 담고 있을 수 있기 때문이다. 만약 그런 정보가 비서의 입을 통해 유출된다면 상사 개인뿐 아니라 회사 전체에 큰 손실이 될 수 있다.

예를 들어, 인사철처럼 민감한 시기엔 승진대상자들이 자신의 거취를 미리 알기 위해 비서를 압박하거나 정보를 캐내려 할 수 있다. 특히 주니어비서일수록 강압적인 분위기에 못 이겨 아는 사실들을 실토해 버리고 그 루트가 비서로부터였다는 사실을 상사가 인지하는 순간 집무실에서조차 모든 것을 조심해야 하는 불편한 상황이 연출되며, 상사는 비서를 의식하며 일할 수밖에 없는 상황이 된다.

그래서 나는 비서와 상사 간에 가장 중요한 것 중 하나로 '신뢰'를 꼽는다. 비서에게 신뢰가 없는 상사는 본인의 업무에 온전히 집중하지 못하고 이것저것 신경 쓰면서 에너지를 분산시키게 되며, 이는 곧 최선의 결과를 이끌어 내지 못하게 하는 원인이 되기도 한다.

또한 상사와 형성된 신뢰의 크기에 따라 비서의 재량권 범위가 결정되고 이것에 따라 시간 관리, 스케줄 관리도 훨씬 유연해진다. 결국 상사의 신뢰는 비서에게도 생존의 기반이다.

혹시 비서가 잠시 자리를 비울 시에는, 책상 위나 노트북의 보안을 철저히 하자. 무심결에 뽑아 둔 중요 자료나 스케줄 관련 정보와 문서들은 상사의 일거수일투족을 파악하여 본인의 출세에 보탬을 하고자 하는 사람들의 좋은 먹잇감이 되기 때문이다.

친하게 지내는 모기업 비서는 잠시 화장실을 다녀온 사이 상사의 관할 팀장이 자신의 모니터와 메모장들을 보고 있는 장면을 보고 적잖이 충격을 받았으며, 그 뒤로는 자리를 비울 때면 무조건 바탕화면 잠금을 하고 책상 위 모든 메모를 치운다고 했다.

자료를 폐기할 때에는 반드시 파쇄기를 사용해야 한다. 무심코 쓰레기통으로 버려진 자료가 예상치 못한 경로로 흘러가 문제를 만들 수 있기 때문이다.

걱정도 팔자라고 생각하는가? 하지만 조심해서 나쁠 것은 없다.

최소한 비서 때문에 정보가 새는 일은 없어야 한다. 상사의 정보를 철통같이 지키고 '내 사람'의 신뢰를 얻어내자.

한 실장의 기술 전수

정보 보안 실천 팁

1. 필요 최소 정보만, 기준에 맞게 관리하기

1) 인적 사항, 기념일, 선호 일정 등을 정리하되, 업무에 필요한 범위 내에서만 하고 철저히 보안 유지

2. 파일은 암호화

1) 개인 정보 및 기밀은 문서, 메모, 파일 모두 암호화 저장

3. 자리를 비울 땐 잠금 설정 필수

1) 모니터 화면 잠금
2) 책상 위 메모, 일정표는 모두 정리

4. 모든 폐기물은 파쇄기로 처리

1) 스케줄, 회의록, 메모 등은 무조건 파쇄

SECTION 3

실수의 회복 탄력성

'언제쯤 실수를 하지 않을까?'라는
고민을 21년째 해오고 있다.

비서에게 실수란, 때론 '치명적'이다. 잘한 것보다 못한 것이 더 오래 기억되는 것이 참 잔인하지만, 비서의 일은 특히 더 그렇다.

수많은 일을 조용히, 정확하게 처리한다. 꼬인 일정을 조율하고 수없이 울리는 전화의 응대도 매끄럽게 이어가며, 하루에도 몇 번씩 찾아오는 위기도 거침없이 막아낸다. 그런데도 단 한 번의 착오, 실수, 늦은 응대는 그동안의 모든 공든 탑을 앗아 가기도 한다.

주니어 시절, 변경된 스케줄 안내를 하지 못해 상사의 일정을 꼬이게 만든 일이 있다. 30분 늦춰진 일정을, 동석하시는 분의 "직접 상사께 안내드릴 테니 걱정 말라"는 말을 믿고 별도로 안내를 드리지 않았던 것이다. 그러나 동석자가 깜박 잊고 연락을 드리지 않았고, 놀라서 바로 전화를 드렸지만 들려오는 것은 상사의 차가운 목소리뿐이었다.

매일 늦게까지 일하고, 수십 건의 스케줄을 관리하는데 단 한 번의 실수로 모든 신뢰가 무너지는 느낌이었다. 비서의 신뢰란 '무결함'으로 관리되는 것이라는 것을 다시 한번 확인하는 순간이었다.

특히 고위 임원을 모시는 비서라면 웬만큼 잘해선 인상 깊이 남길 수 없지만, 한 번의 실수도 평판에 남는다는 사실을 인정해야 한다.

'이 일정, 정말 마지막까지 체크했나?'
'혹시라도 빠뜨린 건 없을까?'
'만약 지금 전화를 받는 사람이 상사라면, 이 태도 괜찮은가?'

열 번을 잘해도 한 번을 못하면, 그 하나가 상사의 기억에 남는 것이 현실이다. 그렇다고 위축되고 움츠러들면 그 실수가 또 다른 실수를 불러온다.

"본인이 큰 실수를 했습니다. 그 후 어떻게 행동할 건가요?"라는 면접 질문을 받은 적이 있다. "짧은 시간 깊게 반성한 후 업무에 복귀하여 평소처럼 일할 것입니다"라고 대답했는데, 물론 각자의 답을 가지고 있겠지만 지금도 이 대답이 나의 최선이 아닐까 생각한다.

잘못했다는 감정에 매몰되어 계속해서 몰려오는 다른 업무에 차질을 빚어서는 안 된다. 자신의 실수를 빨리 인정하고, 수습할 줄 알아야 한다.

한 실장의
기술 전수

실수의 예방과 대처

1. 실수 관리 루틴 & 실수를 줄이는 습관

1) 일정 변경은 반드시 '3중 확인'

2) 메일 확인 + 통화 기록 + 상대 확인 메모

2. 실수 후 대처는 3단계로

1) 즉시 사과 → 원인 공유 → 대안 제시

3. 하루 5분 '되짚기 루틴' 만들기

1) 오늘 있었던 '찜찜한 일'이나 '실수'를 점검하는 습관

2) 메모: '내일 아침 ○○자료 재확인', '○○팀 응답 늦었음, 다시 점검'

SECTION 3

비서의 비서들 - 든든한 AI 군단

상사의 트렌디한 업무 스타일을 따라가려고 하다 보니
부족한 정보와 능력으로 좌절했던 순간도 많았다.
하지만 포기하지 않고 끈기 있게 견뎌봤더니
여러 보상들이 따라오곤 했다.

비서생활로 오랜 기간 지나다 보니, 정보력이 부족해서 힘들 때가 많았다.

출장 시에 국가별로 제한 사항이 있다거나 특별히 비자나 물품을 별도로 준비해야 하는 경우도 있고, 타국에서 손님들을 초대하여 행사 진행 후에 감사장을 작성할 때는 국가별로 다르게 이해되는 표현 등을 손쉽게 찾을 수 없었기 때문이다.

일일이 자료를 찾아서 객관성을 확보하고, 팩트 체크까지 끝낸 뒤에야 이제 겨우 밑 작업을 끝낸 셈이기 때문에 이를 토대로 작성하게 될 문서의 퀄리티를 올리기 위해서는 더 많은 시간과 노력이 들어가야 한다.

그러나 이제 드디어 모든 기초작업을 손쉽게 대신해 줄, AI 군단이 나타났다!

간단한 이메일 작성에서부터 감사장 초안, 그리고 각국의 언어로 보낼 수 있게 정리되는 내용의 레터 준비까지 '나에게도 비서가 있었다면~'의 바람을 실제로 실현해 준 것이 AI인 것이다. 이미 회사에서 많이 활용되고 있지만 비서들은 더욱 적극적으로 기초 자료를 취합하고 만드는 데 활용하길 바란다.

구체적인 예로, 긴 회의에 회의록을 작성한다고 한다면 Tiro를 추천한다. 회의 내용을 실시간으로 기록하고 텍스트로 옮긴 뒤, 상황에 맞는 요약과 문서 형태로 정리해 주는 AI 회의 노트 도구라서 회의록 작성자의 부담을 크게 덜어준다. 사용자지정 옵션도 있어 회의 성격에 맞게 결과물을 조정할 수 있다는 점이 특히 유용하다. 자동으로 만들어지는 요약을 한 번만 읽어도 핵심을 빠르게 숙지할 수 있어, '내 머릿속 정리 시간'을 크게 줄여준다.

이미 많은 사람들이 사용 중인 ChatGPT는 할루시네이션(Hallucination)에 대한 체크가 문제로 남아 있지만, 계속적인 업데이트로 앞으로 더욱 오류를 줄이고 향상된 기능들을 보여줄 것으로 기대가 된다.

최근에 출시된 Gemini 3.0은 오류에 대한 불안감을 줄이고 더욱 강력해진 능력으로 이미지 편집과 세련된 문체의 사용이 가능해졌다. 며칠 전 급하게 옆모습의 인물을 정면으로 수정해야 하는 난감한 일이 있었는데 "앞모습의 증명사진용으로 변경해 줘"라는 간단한 입력만으로 단 몇 초 만에 결과물을 완성해 내어 그 성능을 실감할 수 있었다.

앞으로도 새로운 성능들을 탑재한 AI들이 많이 나와, 빠른 미래에 비서가 팀장으로 전체 업무를 컨트롤하고 AI Agent들이 루틴한 업무와 기초업무들을 담당하고 활용하는 기회가 많아지길 기대한다.

한 실장의 기술 전수

AI활용

1. 비서가 바로 쓸 수 있는 AI 3가지 (메일 · 리서치 · 보고서)

1) 메일 요약 · 초안

메일이 길고 복잡할 때/임원 답장을 빨리 정리해야 할 때

한 줄 프롬프트:

"아래 메일을 임원 보고용으로 5줄 요약해줘.

(핵심 이슈 – 상대 요청 – 기한/리스크 – 다음 액션 순서)"

"이 요약으로 공손하고 단정한 답장 초안 작성해줘."

팁: AI는 뼈대(70%)만 잡고, 마지막 30%는 상사 말투로 손질한다.

2) 리서치(빠른 사전 조사)

상사가 미팅 회사 관련 이슈 조사를 원할 때/미팅 전 핵심 파악이 급할 때

한 줄 프롬프트:

"OOO에 대해 임원 브리핑 1페이지로 정리해 줘.

(핵심 요약 – 최근 동향 리스크 – 미팅 질문 5개)"

팁: AI가 만든 건 초벌 지도.

팩트 2~3개만 재확인해 얹으면 속도와 정확도가 같이 잡힌다.

3) 보고서 문장 정리(톤 · 구조 · 요약)

쓸 때: 초안은 있는데 문장이 늘어질 때/'한 장짜리'로 압축해야 할 때

한 줄 프롬프트:

"아래 보고를 임원용 1페이지로 재구성해 줘.

(결론 – 근거 – 리스크 – 요청 순서, 문장은 짧고 단정하게)"

팁: AI 문장에서 상사가 좋아하는 키워드만 골라 비서의 톤으로 다듬으면 완성도가 높아진다.

2. 사진 리터칭 AI

Evoto AI는 인물 사진 보정에 특화된 AI 사진 편집/리터칭 도구로, 몇 번의 클릭만으로 전문가 수준의 결과를 빠르게 만들어 준다. 급하게 제

출할 사진의 리터칭이 필요할 때 유용하게 쓸 수 있는데, 고가의 스튜디오 퀄리티는 기대할 수 없겠지만 상사를 십 년 더 젊어 보이게 만드는 정도의 보정은 가뿐히 할 수 있다.

3. 문서 디자인 AI

감사장, 초대장 등을 스스로 만들게 될 수도 있다. 외부 업체에 맡긴다면 시간과 비용 면에서 만족스럽지 못할 수도 있기에 Canva에서 제공하는 여러 가지 이미지 툴을 잘 활용하여 나만의 이미지를 완성해 보자. 클릭 몇 번으로도 트렌디하고도 세련된 문서를 만들 수 있을 것이다. 그러나 이용 시에 저작권에 대한 문제가 없는지 이미지를 클릭하여 무료 사용의 범위를 꼭 확인하도록 하자.

https://www.canva.com

SECTION 3

나의 완벽한 비서

정보를 안전하게 지키고, 실수를 줄이고, 도구를 똑똑하게 활용하는 것.
이 모든 것이 비서에게 중요한 역량이다.
하지만 결국, 그 모든 능력 위에 어떤 태도로 일을 대하느냐가
'완벽한 비서'의 정체성을 완성한다.

tvN에서 얼마 전 방영되었던 「나의 완벽한 비서」라는 드라마는 비서로 일하면서 겪었던 수많은 순간들을 떠올리게 했고, 공감되는 장면도 많았다.

인사과 과장 출신의 비서실장 유은호는 수려한 외모를 기본으로, 탁월한 업무 능력에 공감력과 커뮤니케이션 스킬까지 갖춘, 그야말로 이상적인 비서의 면모를 보여주었다.

'나는 어떤 비서가 되고 싶은가?' 이 질문을 수년째 스스로 던져오던 차에, 비록 드라마 속 캐릭터이긴 하지만 유은호 실

장이 보여준 태도와 방향성은 많은 울림을 주었다.

그가 보여준 몇 가지 인상 깊은 모습을 공유하고자 한다.

1. 관계를 조율하는 중재

차갑고 냉정하다는 비서에 대한 선입견을 깨고, 상사는 물론 동료와 외부 인사까지 아우르며, 적절히 필요를 채워주는 따뜻한 조율자로서의 면모.

2. 기본에 충실한 태도와 매너

흠잡을 데 없는 복장과 단정한 외모, 그리고 상황에 맞는 정확한 매너를 몸에 익힌 태도.

3. 상황 맞춤형 커뮤니케이션 감각

상사의 기분과 업무 리듬을 빠르게 파악하고, 상황에 맞는 톤과 방식으로 소통을 주도하는 능력.

4. 다방면을 아우르는 다기능 실무력

인사과 과장 출신의 경력을 바탕으로, 상사의 필요를 정확히 파악하고 필요한 정보를 사전에 준비하는 역량.

5. 부족한 점은 배우려는 겸손

직무 수행에 어려움을 느꼈을 때 이를 감추지 않고, 오히려 필요한 지식을 스스로 습득하며 채워 나가는 자세.

비록 드라마 속 인물이긴 하지만, 완벽한 비서란 모든 걸 갖춘 사람이 아니라, 끊임없이 자신을 가다듬고 성장해 나가는 사람이라는 것을 그를 통해 다시 한번 느낄 수 있었다.

나 역시 부족한 능력으로 한계에 부딪히며 셀 수 없이 많은 실수와 좌절을 겪었고, 그럴 때면 도망가고 싶은 생각이 들어 괴롭기도 했다. 나의 능력이 탁월했다면, 조금 더 상사와 회사에 기여할 수 있을 텐데, 능력의 한계에 부딪히는 일로 진행이 더디거나 실패하는 경험을 하게 되면 '나 같은 사람이 비서로 일하는 게 맞는 것인가?'라는 생각이 들어 힘들었던 것이다.

그럼에도 불구하고 중요한 건 내 삶에 하나씩 배움의 세월을 쌓아 가는 것이다. 과거에 머무르지 않고 현재를 살고 미래를 향해 나아가려 한다. 매일 조금씩 더 정제된 감각으로, 앞으로도 누군가의 의지가 되어 주는 비서로 성장해 나가 완벽한 비서에 좀 더 다가가길 희망해 본다.

한 실장의
기술 전수

이번 팁은 ChatGPT를 통해 위의 쓴 글을 업로드하여 비서 관련 업무 팁을 제안해 달라고 하여 받은 글로 써보았다. 왠지 내가 쓴 것보다 잘 쓴 것 같아 위기감(?)이 몰려온다.

1. 상사의 '리듬'을 먼저 기록하기

비서의 핵심은 **시간관리**가 아니라 **상사관리**

상사의 기상 시간, 집중하는 시간대, 피로도가 높은 요일, 선호하는 보고 방식 등을 기록해본다.

: 구글 캘린더 + 업무일지에 '비공개 메모' 기능 활용

2. '빈틈'도 설계에 포함시키기

완벽한 일정은 '꽉 찬 스케줄'이 아니라 '숨 쉴 틈'이 있는 스케줄이다.

상사가 커피 한 잔 마실 시간, 회의 후 마음 정리 시간까지도 포함해 일정표를 구성한다.

: 각 일정 사이 최소 10~15분 확보

3. 기본을 튼튼하게, 디테일은 조용하게

명패 방향, 회의실 온도, 서류의 클립 색상까지….

작은 차이가 비서의 '신뢰도'를 좌우하기 때문에 기본에 충실하도록 한다.

: 내 책상/회의실/상사의 차량 순회 점검 루틴 만들기

4. 배움의 태도가 최고의 매너

모든 걸 아는 듯 행동하는 비서는 신뢰보다 거리감을 생성한다.

"그건 잘 모르겠지만 확인해 보겠습니다"라는 겸손한 태도로 임하도록 한다.

: 매주 한 가지 새로운 스킬(툴, 문서 양식, 회계 용어 등) 자율 학습

SECTION 4 비즈니스 매너

신뢰를 쌓는 행동과 디테일

SECTION 4

매너는 사람을 만들고,

매너는 불필요한 격식이 아니라,
함께 일하고 싶은 사람으로 만들어 주는 소통의 언어다.

"저 사람, 말투가 참 신뢰가 가네."
"그분은 태도에서부터 다른 느낌이 나요."

우리가 누군가를 떠올릴 때, 인상을 결정짓는 것은 대부분 작은 매너다. 처음 만난 자리에서의 정중한 말투, 조심스러운 행동, 적절한 거리감. 이러한 태도 하나하나가 전문성을 말해주는 기준이 된다.

비즈니스 세계에서 매너는 곧 신뢰의 조건이자, 성공의 기반이다. 형식처럼 보일지 몰라도, 그 안에는 상대에 대한 존중과 배려가 담겨 있다. 누군가는 "형식이 뭐가 중요하냐"고 말하지만, 그 형식을 지킬 줄 아는 사람이 결국 오랫동안 기억에 남는다.

특히 비서처럼 조직의 외부 관문에 서 있는 역할이라면, 매너 하나가 회사의 첫인상을 좌우한다. 회의실에서 상석을 안내하는 위치, 엘리베이터에서 상사를 배려하는 움직임, 외부인에게 명함을 건네는 순서까지- 겉보기에 사소한 행동들이 모여, 결국 '일을 제대로 하는 사람'이라는 인상을 남긴다.

지금은 대기업 그룹의 사장으로 계신 분을 21년 전 처음 뵈었을 때, 주변 사람들을 자연스럽게 배려하던 그분의 뛰어난 매너가 아직도 인상 깊다. 비서들에게도 정중히 존댓말로 인사하고, 직접 커피를 사와 건네며, 누구에게나 일관되게 다정한 태도를 유지하셨다. 그 변함없는 매너 하나하나가 늘 신뢰를 만들어 냈고, 지금도 많은 이들에게 존경받는 리더로 기억되고 있다.

결국, 매너는 가장 기본이지만 강력하게 신뢰를 쌓는 방법이다.

한 실장의
기술 전수

비즈니스 기본 매너

1. 압존법

1) 비서보다 높은 직급이어도 상사보다 낮다면 낮춰 말하기
   예: "사장님, 김 과장 지금 호출할지요?"
   (비서는 대리직급)

2. 명함 교환

1) 명함은 양손으로, 상대가 읽기 편한 방향으로 건네기
2) 받은 명함은 바로 가방에 넣지 말고 테이블 위에 두고 대화

3. 상석 위치

1) 회의실: 입구에서 멀고 중앙에 위치한 자리
2) 차량: 뒷좌석 오른쪽
3) 식당: 창가 또는 안쪽자리(상황에 따라 View가 좋은 곳이 상석)

4. 인사와 소개

1) 소개는 낮은 직급부터, 인사는 높은 사람에게 먼저
   예: "이분은 저희 회사 ○○팀 신입사원입니다. 그리고 이쪽은 ○○ 이사님이십니다."

5. 태도

1) 빠른 말보다 명확한 전달이 중요
2) 가볍게 몸을 숙이거나 눈을 마주치는 태도는 신뢰를 높임

SECTION 4

인사는 짧은 자기소개다

인사를 잘하는 사람은 말을 많이 하지 않아도
'신뢰가 가는 사람'으로 기억된다.
기본을 지키는 태도는 어떤 일이든 신뢰와 기대를 함께 만든다.

단 2초짜리 인사. 그 짧은 눈 맞춤이 사람을 기억하게 만들고, 이미지를 남긴다. 처음 만난 사람이라도 정중한 인사 한 번에 그 사람의 일상적인 태도까지 짐작할 수 있다.

출근길 복도, 회의실 앞, 엘리베이터 안. 우리는 하루에도 수많은 인사를 주고받는다. 형식처럼 스쳐 지나가는 인사 같지만, 사실 그것은 '나는 어떤 사람입니다'라는 짧은 자기소개이기도 하다.

회사의 어떤 팀장은

"다른 부서 팀원이 나를 본체만체하더군요. 심지어 내가 먼저 인사를 건넸는데도 그냥 지나친 적도 있었어요"라는 얘기를 하며 고개를 저었다.

인사는 직장 생활의 성공을 위한 전략이기 이전에, 사람 사이의 가장 기본적인 예의다. 모르는 사람이라고 피하거나 '아마 못 봤겠지'하며 지나치지 말자. 눈을 맞추고 진심을 담아 인사하는 그 짧은 순간에 "나는 당신을 존중합니다"라는 메시지가 담겨 있다.

예전에 존경하는 임원분께 "후배들에게 전하고 싶으신 직장 내의 성공 전략을 한 가지만 말씀하신다면?"이라는 질문을 드린 적이 있다. 그분은 단 한 치의 망설임도 없이 말했다.

"바로 인사죠."

우리가 생각하는 '성공의 비밀'은 사실, 기본을 얼마나 잘 지켜왔는가에 달려 있다.

한 실장의
기술 전수

인사의 정석

1. 인사 타이밍은 '눈이 마주친 그 순간'

1) 지나가다 눈이 마주쳤다면 망설이지 말고 바로 인사

2. 인사에는 표정이 50%

1) 밝은 표정 + 부드러운 목소리의 조합이 기본

3. 서먹한 사이일수록 인사는 더 분명하게

1) 가벼운 인사로 관계를 맺어감

4. 상사 옆에 있을 땐 '이중 인사'로 마무리

1) 상사와 함께 외부인을 마주쳤다면
내가 먼저 인사 → 상사를 자연스럽게 소개하는 센스 발휘

SECTION 4

TPO에 맞는 옷차림

자율복장의 취지는 편안함을 허용하는 뜻이지,
프로로서의 기본을 내려놓아도 된다는 의미는 아니다.

사람의 첫인상은 단 몇 초 만에 결정된다. 그리고 그 인상을 좌우하는 핵심 요소 중 하나가 바로 옷차림이다.

TPO(Time, Place, Occasion), 즉 시간과 장소, 상황에 맞는 복장은 단순히 겉모습의 문제가 아니라 상대에 대한 예의이자, 비즈니스 매너의 기본이다. 지나치게 격식을 차린 복장도, 반대로 너무 가벼운 복장도 그 자리에 어울리지 않으면 분위기를 어색하게 만들 수 있다.

비서처럼 외부인과 자주 마주하고, 상사를 대신해 응대하는 역할일수록 TPO에 맞는 단정한 복장은 곧 회사와 자신을 함께 대표하는 태도가 된다. 가끔 면바지에 맨투맨 티셔츠 차림의 비서를 볼 때면, '담당 임원이 출장 중이라 편하게 입고 왔구나' 하고 이해하려고 한다. 하지만 그 복장이 일주일 내내 이어진다면, 솔직히 말해 '꼰대력'이 슬쩍 상승하는 건 어쩔 수 없다.

그렇다고 무조건 불편한 복장을 강요하자는 건 아니다. 회사에서 편한 복장이 허용된다면, 언제든 생길 수 있는 외부 손님 방문이나 의전 일정에 대비해 탕비실에 정장 자켓이나 검정 구두 정도는 준비해 두는 센스를 발휘하는 것이 좋다.

이런 감각은 팀원들과도 함께 공유되어야 한다. 특히 임원에게 직접 보고하는 자리라면, 복장과 태도에서 드러나는 기본 매너 역시 보고 내용 못지않게 중요한 요소가 된다. 임원실에 들어가면서 슬리퍼로 가는 사람을 보고 있노라면, 좀 안타까운 생각이 들기도 한다. 거울을 보고 옷매무새를 단정하게 하는 데, 단 3초면 충분하지 않을까?

깔끔한 셔츠, 정돈된 머리, 과하지 않은 액세서리. 이런 사소한 디테일이 모여 말없이도 전달되는 전문가의 이미지를 만들어 내고 일을 대하는 자세까지도 알 수 있게 한다.

한 실장의
기술 전수

TPO에 맞는 옷차림을 위한 복장 매너 2가지

1. 자율복장에도 기준은 있다

✓ 자율복장은 자유가 아니라 자기 관리의 기준
'집에서 막 나온 느낌'은 회사에서 금물
→ '나 하나쯤 괜찮겠지'가 신뢰를 깎는 시작

2. 비서의 옷차림은 상사의 인상

✓ 상사가 없을 때도, '나만의 단정함'을 유지
✓ 출장 중이라도 일주일 내내 맨투맨은 NO
→ 한결같은 정돈된 인상이 진짜 프로

SECTION 4

3無 전략

말을 줄인다고 존재감이 사라지는 게 아니다.
오히려 그 '조용함'이 비서의 존재를 더 단단하게 만든다.

비서에게 말이란 단순한 소통 수단이 아니다. 단어 선택, 말의 톤은 곧 이미지이자 실력이고, 업무 스타일이기도 하다. 이런 맥락에서 비서에게 정말 중요한 것은, '무엇을 말할까'보다 '무엇을 말하지 말아야 할까'를 아는 것이다. 이제, 회사에서 하지 말아야 할 말 3가지를 함께 정리해 보자.

1. 뒷말 - 뒷말의 종착지는 결국 당사자

"○○부서는 진짜 답답해요."

"○○ 부장님 진짜 별로인 거 같아요."

"상무님 성격 모르세요?"

비서가 하는 모든 말은 곧 상사의 입장처럼 해석된다. 순간의 속풀이보다 중요한 건, 조직 전체의 신뢰를 지키는 책임감이다. 그리고 뒷말은 사람 간의 신뢰를 무너뜨려 스스로를 외롭게 만들 뿐이다. 나의 뒷말을 하는 사람과 함께 일을 하고 공을 나누고 싶겠는가? 생각해 보면 답은 정말 간단하다.

2. 변명 – 이유보다 필요한 '대안'

"메일이 안 와서요."
"예약하려다 전화가 와서 못 했어요."
"확인은 했었는데요…."

듣는 사람 입장에선 결국 이렇게 되묻고 싶어진다.

"그래서, 지금 어떻게 할 건데요?"

비서는 결과로 말해야 하는 사람이다. 물론, 사정이야 있을 수 있다. 하지만 그걸 늘어놓기보다 빠르고 분명한 대안이 훨씬 더 신뢰를 준다. 실수는 누구나 할 수 있지만 신속하게 수습하는 건 프로만이 할 수 있는 일이다. 말은 짧게, 해결은 빠르게. 그게 바로 비서의 프로다운 태도다.

3. 경솔 – 확신 없는 말은 약속이 아닌 실수

"아마 될 겁니다."

"그 정도는 조정 가능할지도요."

"회의 잡아 드릴게요!" (→ 아직 확인도 안 된 상태)

좋은 인상을 남기고 싶어서, 또는 급히 상황을 마무리하고 싶어서 나도 모르게 던진 말. 하지만 그 말 한마디가 상사의 일정에 영향을 주고, 회사의 신뢰를 흔들 수 있다.

비서의 말은 단순한 업무 전달이 아니라 회사 전체를 대표하는 공식 채널이 될 수 있다. 우리가 뉴스에서 보던 '회사 담당자의 말에 따르면–' 그 한 줄의 무게를 기억하자. 그런 뉴스 속 무책임한 담당자가 되지 말아야 한다.

한 실장의
기술 전수

업무력을 키우는 말 습관

1. 뒷말 차단 루틴 만들기

1) 감정이 올라올 때는 조직이나 상사에 대한 언급 일시 정지
2) 동료에게 푸는 대신 감정 일기나 산책으로 감정 정리

2. 변명 대신 '결과 중심' 말 습관 익히기

1) "못 했어요." → "○일까지 마무리하겠습니다."
2) "몰랐어요." → "지금 확인했고, 바로 처리하겠습니다."

3. 확실하지 않은 정보는 절대 말하지 않기

1) "아마 가능할 거예요." → 절대 금지
2) "정확히 확인 후 다시 말씀드리겠습니다." → 확인 후 전달

SECTION 4

디지털 매너에도 품격이 필요하다

짧은 말 한마디에도, '상대방의 온도'를 느낀다.
품격 있는 말투는 결국, 내 이미지와 연결된다.

비대면 업무가 많아지면서 이메일, 메신저, 전화, 화상회의 등 디지털 도구의 사용이 잦아졌다. 직접 만나서 이야기하고 결정하는 상황이 줄어 여러 비용적인 면에서 효율적이긴 하지만, 동시에 사소한 실수나 무신경한 행동으로 인한 '매너 없음'의 피드백을 받게 된다면, 본인을 넘어 회사까지 좋지 않은 평가를 받게 될 수 있다. 각 상황에 맞는 몇 가지 사례를 알아보자.

1. 이메일

이메일은 디지털 명함이자 공식 문서가 되기 때문에 제목을

[회사/프로젝트] 핵심내용과 같이하여, 받는 사람이 내용과 중요도 파악을 할 수 있도록 한다(예: [A 프로젝트] 주간 진행 보고서 송부). 수신은 24시간 이내에 하도록 하며 즉각 회신이 어렵다면 "내용 확인하였으며, 정확한 답변은 (언제까지) 드리겠다." 라는 중간 회신을 보낸다. 첨부 파일명은 [날짜]_자료명_버전 등 통일되고 규칙을 알 수 있도록 만든다.

2. 메신저와 전화

슬랙, 팀즈 같은 메신저와 전화는 사적인 대화처럼 흘러가 상대방의 업무집중을 방해하기 쉬운 것이 사실인데 이를 위해, 메신저는 업무 관련 내용에 한정하고, 어느 정도 격식을 유지하도록 한다,

전화 응대 시에는 최대한 빨리 받을 수 있도록 하고, 메모할 준비 후 간단한 인사와 함께 소속과 이름을 밝히는 것이 기본이다. 퇴근 이후나 주말에는 급한 용건이 아니라면 연락을 자제하고 불가피하게 해야 한다면, "퇴근 후 죄송합니다. 내일 아침에 확인 부탁드립니다"와 같이 상대방의 시간을 존중하는 멘트를 하도록 한다.

3. 온라인 회의

줌, 구글 미트 등 비대면 회의가 일상화되어 가면서 카메라 너머로 보이는 태도도 비즈니스 매너로 생각되기 때문에 특히, 사전 준비 및 접속은 최대한 5분 전에 마치고 기술적인 문제가 없는지 살펴본다. 단정하고 깨끗한 복장으로 참여하고 다른 작업을 한다거나 산만한 모습을 보이지 않도록 한다.

품격 있는 디지털 매너란, 상대방의 시간과 에너지를 존중하는 태도에서 비롯된다. 이메일 한 통, 메시지 한 줄, 전화 한 번의 매너로 신뢰를 만들어 낼 수 있는 사람이 성공에 더 가까워진다.

한 실장의
기술 전수

품격 있는 이메일/메신저 작성법

1. 기본 구조 기억하기

1) 인사 → 핵심 내용 → 조치사항 → 마무리 표현

2. 1줄 메신저도 문장으로 정리하기

1) "전달 완료"라기보다는 "○○님께 전달 완료했습니다. 회신 오면 공유 드리겠습니다."

3. 이름을 부르고 직책을 붙이면 말의 결이 바뀐다

1) "팀장님, 전달 감사드립니다."
2) "○○ 과장님, 일정 확인 감사합니다."

SECTION 5 정신력

감정 소비를 줄이고 집중력을 유지하는 법

SECTION 5

워라밸도, 나도, 지켜야 산다

"괜찮다. 지금까지 잘해 왔다. 네가 최고다. 넌 정말 멋져."
– 언젠가는 꼭 들어야 할, 나 자신에게 주는 위로의 말.

어느 날, 긴 프로젝트를 마무리한 뒤 사무실 의자에 멍하니 앉아 있다 보면, 문득 스치는 질문 하나.

'여긴 어디, 나는 누구?'

그 순간의 공허함은 단순한 피로감이 아니다. 모든 에너지를 쏟고, 온 신경을 업무에 집중한 끝에 상사의 만족스러운 미소를 받아냈지만, 정작 '나'라는 사람은 어디에 있는지 모르겠는 느낌. 잠깐의 성취감과 함께 찾아온 깊은 무기력. 그 무게는 겪어본 사람만이 알 수 있을 것이다.

결혼 전, 내 삶의 중심은 오로지 '일'이었다. 24시간, 머릿속에는 상사의 일정, 회의, 보고서, 그리고 처리해야 할 업무로 가득 차 있었다. 일에 몰두하느라 연애, 가족, 여유 같은 건 늘 뒷전이었다. 그 시절 상사도 가족도 자주 이런 말들을 했다. "일만 하면 안 돼. 사람도 만나고, 연애도 하고, 인생도 살아야지." 그땐 오히려 그 말이 부담스러웠다. 일이 내 삶의 전부였고, 그것이 옳다고 믿었기 때문이다.

하지만 지금 돌아보면, 그때의 나는 얼마나 위태로웠던가. 아무리 일에 열정을 쏟더라도, 인간의 에너지에는 한계가 있다. 고갈된 마음과 몸은 반드시 회복의 시간을 필요로 하고, 쉼 없는 질주는 결국 번아웃이라는 벽 앞에 멈춰 서게 된다.

그때 내가 멈추지 않고 계속 그 속도로 달렸더라면, 지금쯤 일은 물론, 삶까지 놓아 버리고 남편의 고향에 내려가 사과나무를 심으며 바람결에 흔들리는 과수원 나무들 사이에서 '이만하면 됐다'며 조용히 살고 있었을지도 모른다.

분명히, '일에 몰입하는 것'과 '일에 잠식되는 것'은 다르다. 열심히 일하는 것, 성실한 태도로 최선을 다하는 것은 분명 아름다운 가치다. 하지만 그 과정에서 나 자신을 잃어버려선

안 된다. 일과 삶 사이의 균형, '워라밸'은 우리가 건강하게 오래 일하기 위해 반드시 지켜야 할 원칙이다.

친구와 웃으며 밥을 먹는 시간.
미뤄뒀던 책을 펼치는 저녁.
가끔은 목적 없이 걷는 산책.

이런 순간들이 삶을 더욱 단단하게 만들고, 나라는 사람을 더 풍요롭게 해준다. 그렇게 회복된 사람은 일에서도 더 현명한 판단을 하고, 실수를 줄이며, 위기의 순간에도 중심을 잃지 않는 선택을 하게 된다.

무엇보다 중요한 것은, 우리가 사는 삶에는 '일'만큼이나 소중한 것들이 많다는 것이다. 그중에서도 가족은, 우리 인생의 가장 큰 버팀목이다. 내가 어떤 어려움에 부딪히더라도 그 곁을 지켜주는 사람들. 특히 시간이 지날수록 그 존재감이 더욱 깊어진다.

아이들이 커가며 보여주는 미소 하나, 남편과의 대화 중 불쑥 튀어나오는 한마디의 따뜻한 위로, 함께하는 순간들이 주는 기쁨은 그 어떤 성과보다 더 큰 가치를 가진다.

몇 해 전, 건강 검진 결과에서 '폐혈관기형'이라는 질병을 알게 되었다. 언제 터질지 모르는 시한폭탄 같은 병이라는 말에 머릿속에 가장 먼저 스쳐 간 것은 아이들의 얼굴이었다.

'내가 없으면 이 아이들은 어떻게 하지?' 아이들의 결혼식도 못 보고 떠나야 할 수도 있다는 상상에 숨이 막혔고, 왜 돌아가신 친정엄마가 암 투병 중에 "내가 살아 있을 때 결혼하라"고 그토록 조바심을 냈는지, 그 말에 담긴 진심과 두려움을 온몸으로 이해할 수 있었다.

그래서 나는 다시 다짐했다. '삶'을 잃지 않기 위해서라도, 일 못지않게 나 자신을 챙기고, 건강을 돌보고, 마음을 풍요롭게 가꾸겠다고. 이건 비서라는 직업을 가진 이들에게만 해당하는 이야기가 아니다. 모든 사람들에 전하고 싶은 진심 어린 당부다.

비서라는 직무는 업무의 특성상 상사의 일정과 삶에 깊이 관여하게 된다. 그러다 보면 상사의 기준과 삶의 템포에 동기화되어, 점점 나 자신의 색깔이 옅어지기도 한다. 그러다 보면 무엇이 좋아서 이 일을 시작했는지, 나라는 사람은 어떤 삶을 원하는지 잊게 되기도 한다.

그럴 때일수록 더욱 '주체적'이어야 한다.

나와 비슷한 고민을 가진 사람들과 함께 소모임을 만들어 시간을 보내고, 다양한 삶의 방식을 가진 사람들과 교류하며 새로운 시각을 얻는 경험이 필요하다. 이런 시도들은 삶을 풍요롭게 하고, 동시에 일에서 오는 피로도 회복할 수 있는 큰 힘이 되어 준다.

결국, 오래 일하기 위해서가 아니라 오래 행복하기 위해서, 우리는 스스로를 지켜야 한다.

한 실장의
기술 전수

워라밸 지킴 캠페인!

1. 짧고 확실한 휴식 넣기

1) 점심시간 10분 산책, 차 한 잔 마시며 눈을 감는 짧은 휴식도 에너지를 다시 채워준다.
2) '시간이 없어서'가 아니라, '짧게라도 쉬어야 해서'라는 태도가 필요하다.

2. 개인 프로젝트 만들기

1) 책 읽기, 글쓰기, 운동, 소모임 등 '업무 외 나만의 활동'을 꾸준히 이어간다.
2) 작은 성취가 쌓일수록 '나는 일만 하는 사람이 아니다'라는 자기 확신이 생긴다.

3. 건강은 일정표의 최우선

1) 정기 검진은 미루지 말고, 회의만큼 중요하게 캘린더에 넣는다.
2) 아플 때 쉬는 것이 아니라, 아프지 않기 위해 미리 관리하는 것이 진짜 워라밸이다.

4. 가족과의 시간은 불가침 영역

1) 아이와 저녁 식사, 부모님과의 전화 통화 같은 소소한 약속을 업무 일정만큼 소중히 다룬다.
2) 이 시간은 '회복과 동기부여의 원천'이기 때문에 양보하지 않는 것이 중요하다.

SECTION 5

재벌집 막내아들은 아니지만,

떠날 결심이 두렵다면, 남아서 최고가 되자. 누구도 흉내 낼 수 없는, 나만의 스토리를 만들어 가는 것이다.

인스타그램에서 흥미로운 글을 본 적이 있다. 같은 물 한 병도 어디서 팔리느냐에 따라 가격이 다르다는 이야기였다. 코스트코에서는 25센트, 슈퍼마켓에서는 50센트, 패스트푸드점에서는 2달러, 식당이나 호텔에서는 3달러, 공항이나 비행기 안에서는 5달러까지 받는다고 했다.

같은 브랜드, 같은 내용물임에도 불구하고 장소에 따라 그 가치가 달라진다. 정말 공감이 가는 이야기다. 동일한 제품이라도 어떤 패키지에 담겼는지, 어디에 놓였는지에 따라 가격이 다르게 매겨지는 것이다.

비서로 일하다 보면,
"이 일이 정말 의미 있는 걸까?"
"누가 내 가치를 알아주기는 할까?"
스스로를 의심하게 되는 순간들이 있다.

특히 자신의 업무가 평가받지 못한다고 느끼거나 상사의 기준이 자신의 스타일과 너무 다를 때, 자존감이 흔들리기도 한다. 그럴 땐 이런 질문이 필요하다. "나는 지금, 어떤 환경에 놓여 있는가?"

비서의 업무 범위나 방식은 대부분 상사에 의해 결정된다. 따라서 자신과 맞지 않는 기준에 계속 맞추려 애쓰기보다는, 자신의 스타일을 존중해 주는 상사와 환경을 찾는 것이 더 나은 선택일 수 있다.

경험상, 인품이 좋은 분과 일할 때 업무적인 배움의 기회도 많이 주어졌고, 성장하는 속도도 빨랐기 때문이다. 심지어 능력 있는 상사는 이직할 때 비서와 함께 가는 경우도 많다.

그러니, 약간의 연봉 차이를 이유로 자신의 청춘을 결핍된 환경으로 밀어 넣지 말자. 당신을 인정해 줄 수 있는 환경에서 진짜 실력을 꽃피우자.

물론, 바꾸어야 할 것이 환경이 아니라 나 자신일 수도 있다. 업무 능력의 부족으로 인한 것이라면 얘기는 달라진다. 스스로의 능력을 최대치로 키우는 것이 우선되어야 한다.

그러나 내가 최선을 다하는 상황에서 회사의 일이 즐겁지 않고 능력을 펼칠 수 없다고 느껴진다면 당신의 가치를 더 잘 알아봐 줄 '장소'를 바꿔보자. 그리고 그곳에서 당신만의 스토리를 쌓아 가라. 후배 비서들이 따라올 수 있도록 길을 내주고, 방향을 보여주는 선배가 되어 그 안에서 품격을 더하게 될 것이다.

한 실장의
기술 전수

같은 공간에서 일하는 다른 사람들의 일도 중요하다. 업무 협조를 위해 걸려 오는 수많은 전화와 이메일에 나름의 정성을 담자. 비서는 상사를 보좌하는 자리일 뿐, 상사가 아니다. 가끔 본인의 상사 직급과 자신의 지위를 혼동하는 비서들이 있다. 지금까지 들은 말 중 가장 어이없었던 말은 모 대기업 회장 비서 팀장이 한 말이었다.

"세상 이치 다 그런 거 아니겠어요? 연락하면 알아서 할인을 해줘야죠."
도대체 뭐가 다 그런 이치라는 건지? 언제부터 기업의 할인 정책이 비서의 전화 한 통으로 조정될 수 있는 수준이 되었단 말인가?

말 한마디에 품격이 드러난다.

비서들 사이에서라도 예의는 꼭 지키도록 하자.

SECTION 5

모든 사람에게 인정받을 필요는 없다

비서의 상사는 한 명이다.
그 점을 잊지 말고, 일의 중심을 지켜야 한다.

모두에게 인정받을 수 있다면 참 좋겠지만, 안타깝게도 현실은 그렇지 않다. 어떤 결정을 내리든, 누군가는 만족하고 또 누군가는 불편함을 겪게 된다.

그리고 사람들의 입장도 고정된 것이 아니다. 상황에 따라 언제든 바뀌고, 그에 따라 평가는 달라진다. 그러니 모두에게 인정받으려는 노력은 애초에 무리한 싸움일지도 모른다. 우리는 '국민 MC 유재석'이 아니다. 모든 이의 호감을 얻는 일은 그의 몫으로 남겨두자. 비서인 우리는 단 한 사람, 상사에게 집중하는 편이 낫다.

물론 말처럼 쉽지는 않다. 비서라는 직무는 기본적으로 서비스 마인드를 바탕으로 하고 있고, 모든 사람을 만족시키려는 성향이 강하다. 그러다 보면, 정작 상사보다 주변의 요청과 감정에 더 신경 쓰게 되는 경우도 생긴다.

예를 들어, 어떤 상사가 늘 마지막 순간에야 일정을 확정 짓는 스타일이라면 실무자들은 일정 계획을 세우기 어려워 불편함을 느낀다. 그럴 때, 실무자의 입장을 고려해 상사를 재촉할지 고민하게 된다.

하지만 과연 그게 옳은 일일까?

상사의 일정은 단순하지 않다. 외부 미팅, 내부 보고, 경영 판단 등 다양한 변수와 우선순위가 얽혀 있다. 그 모든 상황을 실무자에게 일일이 설명할 수는 없으니, 결국 "조율 중입니다" "아직 보고가 끝나지 않았습니다" 같은 말로 시간을 미루는 선택을 할 수밖에 없다. 이 과정에서 비서는 중간에 끼어 곤란한 입장에 놓인다.

상사의 편을 드는 것도, 실무자의 요청을 무시하는 것도 아니면서 결국 모든 불편함을 대신 감당하는 사람이 되어버리는 것이다. 하지만 시간이 지나면 알게 된다. 모든 사람을 만족시키는 결정은 애초에 존재하지 않는다는 사실을. 그러니 상사의 관점에서 일을 바라보고 그에 맞춰 우선순위를 정하는 것, 그게 바로 비서의 중심을 지키는 방법이다.

물론 주변과의 관계를 소홀히 하라는 이야기는 아니다. 센스 있는 대응과 작은 배려만으로도 상황을 더 부드럽게 만들 수 있다. 예를 들어, 보고 일정이 밀려 있는 상황이라면 "이전 보고가 길어지고 있습니다. 15분 뒤쯤 도착하셔도 될 것 같습니다" 같은 안내 하나로, 불필요한 대기 시간을 줄일 수 있다. 겉보기엔 사소해 보일 수 있지만, 이런 배려가 신뢰와 협업의 디테일을 만든다.

오늘도 중심을 지키는 마음으로, 상사를 향한 집중을 이어가자.

한 실장의
기술 전수

중심을 잃지 않기 위한 실전 루틴

1. 우선순위의 기준은 '상사'로 고정하기

모든 요청을 똑같이 '중요'하게 보지 않는다.
판단이 흔들릴 때는 이렇게 자문한다.
"이 결정이 상사의 목표/리듬/성과에 도움이 되는가?"
답이 "예"라면 밀고, "아니오"라면 정중히 조율한다.

2. "조율 중"을 그냥 말하지 말고 '조율의 언어'로 말하기

실무자들이 불편해하는 건 '지연'이 아니라 불확실성이다.
그래서 미뤄야 할 때는 이렇게 말한다.
"현재 A안과 B안 중 최종 확정 단계입니다."
"보고가 끝나는 즉시 가능한 시간대를 먼저 공유드릴게요."
"오늘 ○시까지 1차 가이드는 드리겠습니다."
→ 확정은 못 해도, '진행 상태'는 공유한다.

3. 상사의 스타일을 미리 '번역'해 주변에 안전하게 설명하기

상사가 마지막에 확정하는 스타일이라면,
주변에 미리 기대치를 조정해 둔다.
예:
"대표님 일정은 당일 변동이 잦아 1~2시간 전 확정되는 경우가 많습니다.
제가 확정되는 즉시 바로 안내드릴게요."
→ 실무자들이 느끼는 불편의 70%는 사전 안내로 줄어든다.

4. '배려는 하되, 방향은 양보하지 않기'

실무자 입장도 챙기되, 결정의 방향은 상사 중심으로 둔다.
방법은 간단하다:
배려 = 정보/시간/기대치 관리
방향 = 상사의 우선순위 유지
예: 대기 줄이기, 대안 시간 제시, 준비 범위 줄여주기 등

5. 하루 끝에 '중심 점검 질문' 3개만 해보기

오늘의 일정/커뮤니케이션/결정에서

1) 상사 중심을 지켰나?

2) 불필요한 감정 소비를 했나?

3) 다음엔 더 부드럽게 할 수 있는 디테일이 있었나?

이 점검이 쌓이면, "모두에게 인정받으려는 습관"이 줄어든다.

SECTION 5

감정 소비의 최소화

'나는 감정에 휘둘리지 않는다'는 자기 확신이
결국 더 나은 하루를, 더 나은 나를 만든다.

인생을 살아가며 가장 많이 낭비되는 자원 중 하나는 '감정'일지도 모른다. 특히 비서라는 직무를 수행하며 더 자주 감정이 소모되는 장면들을 마주한다.

어느 날, 점심도 건너뛴 채 회의를 마친 직후 걸려 온 전화. "왜 이게 이렇게 됐는지, 설명 좀 해보세요." 말은 차분했지만, 상대의 목소리 끝에 담긴 짜증은 숨기지 못했다. 그 일은 내가 맡은 것도 아니었고, 사전 공유도 전혀 없었던 상황이었다. 전화를 끊자마자 억울함이 밀려왔다.

'왜 나한테? 나는 잘못한 게 없는데….'

그 생각이 머리를 맴돌며 하루 종일 업무에 집중하기 어려웠다. 메일 한 줄 쓰는 것도 버거웠고, 작은 실수 하나에도 마음이 흔들렸다. 감정 하나에 모든 균형이 무너지는 순간. 그게 바로 '감정 소비'의 무서움이다.

감정은 왜 이렇게 쉽게 소모될까?

'내가 한 일이 아닌 일'에 책임을 져야 할 때.
'공들인 일'을 누군가 가볍게 무시할 때.
'조율자'의 역할로 오해와 불편함을 대신 감당해야 할 때.
그럴 때 마음속에서 자동으로 떠오르는 말이 있다.

'왜 나만 이렇게 참아야 해?'

이 한마디가 마음에 틈을 만들고, 그 틈은 자존감과 집중력을 무너뜨린다.

그러나 사실 감정은 훈련으로 관리할 수 있다. 직업적 성숙도는 바로 이 감정관리 능력에서 시작된다. 프로는 감정을 모두 쓰지 않는다. 필요한 만큼만 꺼내고, 감정에 반응보다는 대응을 택한다.

그러니 내 감정이 소모되지 않기 위해서는, 내가 모든 것을 감당하려 하지 않아야 한다. 감정은 소비의 대상이 아니라, 관리의 대상이기 때문이다.

한 실장의 기술 전수

감정관리 방법

1. 감정이 아닌 정보 남기기

짜증 섞인 말, 따가운 지적도 그 안에 담긴 '정보'만 남기자.
기록은 감정이 아니라 '사실'로. 그래야 실수가 반복되지 않는다.

2. 상대의 감정을 책임지지 않기

"불편하셨다면 죄송합니다." 그 정도면 충분하다.
그 사람의 감정까지 내가 짊어질 필요는 없다.

3. 감정 로그아웃 시간 확보하기

점심시간이나 퇴근 직전에 하루의 감정을 정리할 작은 의식을 만들어 보자.

1) 스스로에게 보내는 격려 메시지
2) "이 정도면 잘한 거야"라고 말해주기

CHAPTER 3

성장과 확장:
사무실 너머의 세계

CHAPTER 3

멋이 있는 여자들

25년 넘게 자리를 지켜온 멋진 비서 선배들이 주변에 적지 않다.
그들의 이야기는 지금 나의 길에도 힌트를 준다.

비서로서 더 이상 어디로 갈지 어떻게 해야 할지 모르겠는가? 여기 몇 분의 여전히 멋진 언니들의 이야기를 통해 각자에게 필요한 해결책을 찾을 수 있길 바란다.

1. S 기업의 부장으로 정년 퇴임

그분에게 나의 핸드폰 번호가 공개된 이후로, 시간을 가리지 않고 필요한 내용이 생기면 연락이 왔다. 수신인에 ○○○ 부장이라고 뜨면 두통이 시작되곤 했는데, 요청이 급하고 까다롭고 예민한 사안이기 때문이었다.

비서 간에도 지켜야 하는 예의가 있고, 본인이 모시는 임원분을 위해서라고는 하지만 같은 회사도 아니고 상하관계도 아니기에 연락 시에는 서로 예의를 갖춰야 한다고 생각했는데, '해도 해도 너무하다'라는 생각이 들게 하기에 충분할 만큼 요구는 계속되었다. 그러던 어느 날, 새벽 시간에 또다시 전화벨이 울렸다.

인간의 고뇌가 이런 것일까?

받을지 말지 고민하다 양심의 승리로 통화했는데, 뜻밖에도 그분이 거의 울먹이며 말했다. 너무 미안하지만, 어렵고 다급한 상황에서 방법이 필요해 나에게 연락할 수밖에 없었다고.

그 순간부터 마음이 풀렸다. 상사 한 사람을 위해 그렇게 몰두하고 애쓰는 모습이 오히려 존경스럽기까지 했다. 그 진심이 느껴졌기에, 부탁받은 일도 기꺼이 해결해 드렸고 이후엔 돈독한 사이가 되었다. 그분은 결국 그룹 최초로 정년까지 비서로 근무하며 상사와 함께 일한 영예를 얻었다. 오롯이 한 사람을 위해 헌신한 결과였다.

2. 오너 기업 부장

한 회사에서 30년 넘게 일하며 회장님에 이어 사장님까지 모신 케이스다. 말이 쉽지, 창립자를 모신 뒤 사장님을 보좌한다는 건 마치 '세상이 바뀌어 사는 일'과도 같기에 매우 어려운 일이다. 업무 스타일도, 리더십도 완전히 다르기 때문이다.

초기엔 사장님이 신뢰를 주시지 않아 힘들어했지만 1년쯤 지나자 완전히 마음을 얻어 '부장'으로 승진했다. 가끔 힘든 일이 있어도 사장님은 먼저 "○○ 부장, 무슨 일 있는가?"라고 물어주신다고 한다. 그 따뜻한 배려가 부럽기도 했고, 그런 관계를 만든 부장님의 능력과 태도가 정말 대단하다고 느꼈다.

후배에게도 진심 어린 감사 인사를 잊지 않고, 소소한 식사 사리들 마련해 수는 섬세함. 지금은 조직에서 없어서는 안 될 존재가 되었고, 임원 승진도 눈앞에 두고 있다. "목표가 승진은 아니에요. 그저 내가 할 수 있는 만큼은 언제나 최선을 다하는 거죠." 그분의 말 한마디가 오랫동안 마음에 남았다.

3. 일당백 팀장

20년 이상 협회에서 근무하며 여러 명의 임원을 동시에 상대해야 하고, 중요한 행사도 도맡아 진행하는 거의 '1인 기획사' 수준이다.

임원들 간의 의견이 엇갈릴 때는 의견을 조율하고, 행사가 잘되면 공은 임원들에게, 잘 안되면 질타는 팀장에게 향하는 구조 속에서도 꿋꿋이 자신의 역할을 해내는 모습이 정말 존경스럽다. 매년 회장이 바뀔 때마다 업무 스타일이 달라지지만, 그때마다 유연하게 대응하며 완벽하게 적응해 낸다. 함께 행사를 준비하며 느낀 그분의 '전문가 포스'는 지금도 잊히지 않는다. 정말 리스펙!

4. 비서에서 임원까지

지금은 타 기업 상무인 수행 비서 얘기인데 예전에 같은 기업에서 일하면서 각자 다른 임원을 모실 때였다. 머리카락 안이 휑할 정도로 없어질 만큼 아마 스트레스 심했던 것 같았지만 항상 온화하고 온유했기 때문에 본인의 기분을 겉으로 표현하는 걸 본 적이 없었다.

당시 나는 경력직으로 기업에 들어왔기 때문에 사실 아는 사람도 없고 업무를 도와줄 사람도 없었다. 그러나 상사의 포지션 때문에 업무의 중요도와 양이 꽤나 많았고, 몇 년간을 맨땅에 헤딩한다는 느낌으로 살았지만 그것이 당연하다고 생각했다.

그분께 연락을 드릴 당시에도 조금이라도 도움을 얻기 위해 연락하게 되었는데 나의 그런 상황을 파악했는지, "정말 어려움이 많으시셨네요. 혼자 일하는 상황이 안타깝고 알아주는 사람이라도 있으면 좋을 텐데, 내가 얼마나 도움 줄 수 있을진 모르지만 알아볼게요"라고 하는데 눈물 왈칵.

이해받고 있다는 그 따뜻한 말이 고된 마음을 조금 녹여주었다. 그리고 그분 상황에서 할 수 있는 만큼 최선의 도움을 주었다. 상대방의 필요를 진심으로 해결해 주려는 태도는 어느 직무에서도 빛을 발한다.

한 실장의
기술 전수

1. 전화 한 통의 무게를 아는 사람

요청자의 급함 뒤에 숨은 '간절함'을 먼저 읽고 불편한 연락도 정중히 대응하면, 결국 '신뢰의 사람'으로 기억될 수 있다. 예민한 요청일수록, "알겠습니다"보다 "방법을 찾아보겠습니다"로 응대하면 나중에 나의 긴급함에 배로 되돌려 받을 수 있다.

2. 상사가 바뀔 때 필요한 것

회장님을 모시다 사장님을 모신다는 것… 그건 사람이 바뀐 게 아니라 '세상이 바뀐 것' 같은 일이기에 새로운 상사의 스타일, 언어, 시간 감각을 빨리 파악하고, 유연성을 발휘하여 업무에 대응하도록 한다.

3. 시킨 것만 하지 말고, 이유까지 생각하는 것

왜 그 일을 지시했는지 생각하면, 다른 해결책도 제안할 수 있고 더 효과적인 방식을 찾아 시간과 비용도 절약할 수 있다. 비서는 파트너의 개념임을 생각하여 업무에 임하도록 한다.

CHAPTER 3

오르막길
- 승진과 보상

성과만 보여주지 말고,
가능성까지 보여줘야 길이 열린다.

윤태호 작가의 원작을 바탕으로 구성된 tvN 드라마 「미생」은 직장 생활을 사실적으로 그려내 많은 사람들의 공감을 불러일으켰다.

그 중 “직장인이 월급과 승진 빼면 뭐가 있겠나?”라는 대사는 우리들 가슴을 후벼 파기도 했지만, 곰곰이 다시 한번 생각해 봐도 맞는 말이기에 그저 고개를 끄덕이게 된다. 비서에게도 예외는 아니다. 월급과 승진은 분명 중요한 동기부여의 요소다.

하지만 현실에서 비서가 현업부서의 직원들과 같은 수준으로 보상받는 일은 드물다. 대부분의 비서는 경영지원이나 기획부서 소속으로, 그 팀의 일반적인 평가 방식에 따라 성과를 평가받는다. 문제는, 실제 업무는 담당 임원과 긴밀하게 이루어지지만 평가자는 대부분 그 임원이 아닌 부서장이라는 점이다.

부서장은 가끔 얼굴을 보는 비서보다는, 일상적으로 함께 일하는 팀원에게 더 좋은 평가를 주는 경향이 있다. 이런 구조 속에서 비서는 처음엔 부당하다고 느끼지만, 몇 해가 지나면 '어차피 평가받지 못하는데, 굳이 최선을 다할 필요 있을까?'라는 생각에 어느 순간부터는 일정 수준에서 타협하게 되고, 받는 만큼만 일하는 루틴에 머무르게 된다.

나 역시 이런 현실이 궁금해 여러 자료를 찾아보다, 이화여자대학교의 한 석사 논문(안지영, 「성과평가제도 개선을 위한 기초연구: 비서직을 중심으로」, 국제사무학과, 2009)을 접했다. 이 논문은 비서가 실제 함께 일하는 담당 임원에게 평가받는 구조가 동기부여에 효과적이라는 점을 강조하고, 그 과정에서 발생할 수 있는 객관성 문제는 소속 팀장과의 평가 비율 조정을 통해 보완할 수 있다고 제안한다.

하지만 여전히 현실은 녹록지 않다. 비서 업무는 정량화가 어렵고, 보안 이슈로 인해 모든 업무가 문서화되지 않거나 임원과 비서만이 공유하는 일이 많기 때문이다. 그래서 평가를 받기도 어렵고, 어쩌면 스스로 평가받을 기회를 놓치는 경우도 많다.

혹시 누군가 "비서 일 쉽잖아요? 누구나 할 수 있는 일 아닌가요?"라고 묻는다면, 한 달 만이라도 비서 자리에서 일해 보라고 말해주고 싶다.

하루에 10분 상사를 마주하며 보고하는 것조차 어려운 사람이, 상사의 지시를 하루 종일 정확히 듣고, 전달하고, 완수하는 모든 과정에서 실수 없이 일해내는 것이 얼마나 힘든지 알게 될 것이다.

그런 의미에서 조직과 회사 문화에 따라 성과 평가의 방식은 각기 다를 수 있지만 그 방식이 담고 있는 가치는 모두가 하는 업무에 관한 정당한 대우가 되길 바라본다.

그러나 앞서 '멋이 있는 여자들' 편에서 이미 짐작했을지도 모르지만, 대체 불가의 비서가 되고 나면 성과와 보상 또한 대체 불가급으로 받게 되기 때문에 좋아하는 비서 일도 계속 하면서 성공해 보이겠다는 열정을 품어 '끝까지 가보는 것'도 추천한다.

한 실장의 기술 전수

승진 · 보상 · 이직 앞에서,
비서의 성과를 '보이게' 만드는 두 가지 방법

비서는 일을 '잘하는 사람'에 머물기보다, 일이 '잘 되게 만드는 사람'으로 성장할 때 더 큰 승진과 보상을 기대할 수 있다. 성과가 잘 보이지 않는 직무일수록, 성과를 보이게 만드는 기술이 필요하다. 아래 두 가지 축만 분명히 잡아도 포트폴리오는 훨씬 단단해진다.

1. 내가 만든 '일의 구조'를 보여주기
(업무 시스템/표준화/개선 성과)
비서의 실력은 내가 처리한 일의 '양'보다, 내가 만들고 유지한 일의 구조에서 드러난다. 구조가 남으면 성과도 남는다.

1) 일정 운영 시스템
주간/월간 캘린더 운영 룰
반복 일정 자동화와 충돌 대응 루틴

2) 보고 · 커뮤니케이션 표준화
보고 템플릿(요약 – 근거 – 요청 – 다음 액션)
회의 준비/후속 조치 체크리스트
대외 메일 · 의전 · 행사 기본 문장/절차 세트

3) 업무 매뉴얼 · 체계 만들기

비서실 업무 매뉴얼과 인수인계 구조

출장 · 행사 · 의전 프로세스 문서화

누락 방지 루틴(D-7/D-3/D-1 체크)

4) 효율 개선(툴 · AI 포함)

반복 업무 시간 단축 사례

리서치 · 지료 정리 구조화

AI 도입으로 회의록/요약/보고 초안 생산성 개선

2. '앞으로 더 커질 사람'이라는 신호를 남기기

(성장/확장 역량)

포트폴리오는 과거의 증명서이면서 동시에 미래의 예고편이다. 현재에 머물기보다 앞으로의 비전을 보여주는 사람이 승진과 이직에서 결국 선택받는다.

1) 프로젝트/조직 운영 경험

TF · 프로젝트 운영 보조, 일정 · 리스크 관리

임원 의사결정 과정 조율/정리 역할

2) 사람을 키운 경험(멘토링/온보딩/교육)

신입 · 후배 비서 온보딩 체계

사내 교육/강의/매뉴얼 공유

3) 전문성 확장

의전/행사/대외 커뮤니케이션 전문성 강화

비즈니스 리서치 · 보고 고도화

외국어/글쓰기/프레젠테이션 등 실전 역량

4) 디지털 · AI 역량의 실전 적용

단순 사용이 아니라, 업무에 적용해 결과를 낸 사례

예: 어젠다 구성, 자료 요약, 보고 초안, 문서 디자인

CHAPTER 3

나의 비서 아카데미 협회

나에게도 비서 25주년과 같은
영광스러운 날이 찾아올 수 있을까?

고독한 비서의 삶은 어찌 보면 타노스가 핑거스냅을 튕기며 외쳤던 "필연적"이라는 말처럼 운명적인 것일지도 모른다.

상사의 일정에 맞춰야 하고, 스케줄과 사생활을 철저히 지켜야 하며, 인사이동이 감지되지 않도록 조용히 움직여야 하는 비서라는 역할은 선택적인, 그러나 필연적인 고독을 동반한다.

그렇게 몇 해가 지나면 고독은 나의 일부가 되고, 회사 생활은 점점 「나 혼자 산다」의 현실판처럼 변해간다. 하지만 혼자라고 외로워할 필요는 없다. 주변을 잘 살펴보면, 나와 비슷한 이유로 '선택적 고독'을 감내하는 이들이 반드시 있다.

그들 중에는 능력도 있고, 인품도 훌륭하지만 조직 내 '대세 라인'과는 거리가 있어 조용히 자기 자리를 묵묵히 지키며 일하는 사람들도 있기 때문이다. 이런 사람들을 조용히 지켜보다가, 적절한 시기에 동맹을 맺어보자. 혼자의 시간이 불편한 것은 아니지만, 동맹을 통해 얻을 수 있는 이점도 존재하며, 어떤 순간에는 그것이 선택이 아니라 필요처럼 느껴지기 때문이다. 그 필요는 크게 세 가지이다.

첫째, 오늘의 스트레스를 내일로 가져가지 않기 위해서다.

긴장을 풀고, 수다를 나누고, 잠깐 숨을 돌릴 '안전한 사람'이 필요하다. 다만 무조건적인 친절을 베풀거나 상사의 일거수일투족을 캐묻는 사람은 경계해야 한다. 동맹은 상사의 정보에 선을 지키는 범위 내에서 이루어져야 한다.

내가 몸담고 있던 어느 회사의 임원 A는 모시던 사장님의 개인적 스케줄까지 알려달라고 하고, 모든 일정을 보고하라는 지시를 내린 적이 있다. 소속팀 상무였기 때문에 굉장히 위압적으로 느껴졌지만 당시에는 그렇게 하겠다고 말씀드리고, 나와서는 '당연히' 보고는 하지 않았다.

둘째, 정보수집이 필요하기 때문이다. 이는 비서가 어느 정도 관리자급에 들어가면 위임된 의사결정을 하고 상사에게도 업무 진행에 도움을 줄 수 있을 만한 정보를 제공해야 하는데, 회사가 어떤 방향으로 가고 있는지, 사람들이 원하는 건 무엇인지, 상사의 정책에 피드백은 어떤지 등을 데스크에만 앉아 있는 비서는 파악하기 어렵다. 따라서 이런 경우 특히 동맹자들의 내용 공유를 통해 정보를 수집하고 반영할 수 있다.

그러나 동맹자들의 내용 공유는 참고만 할 뿐 다각도로 검토하여 반영하는 것이 중요하다. 친분이 있다고 해서 의견이 객관적일 거라 믿어서는 안 된다. 어느 한쪽으로 치우치지 않도록 가능한 범위 내에서 여러 의견을 들어보도록 하자. 상사에게 전달할 정보는 철저히 정제해야 한다.

마지막으로, 동맹자들은 인적 네트워크가 되어 적시 적소에 Contact Point를 연결해 줄 수 있다. 평소에 여러 부문에 동맹자들이 있다면 업무 추진 시에 불필요한 로스를 줄이고 효율성을 높일 수 있다. 나의 업무 로스가 줄어들수록 상사의 시간을 벌 수 있다는 것을 기억하자.

모든 부분에 동맹자를 구할 수 없을 때는 '기획'과 '인사' 최소 두 부분에 집중하자. 기획은 전사적인 흐름을 읽어주고 앞으로의 방향을 제시하는 곳이고, 인사는 인재들의 경력관리를 하는 곳이기에 이 두 팀에만 동맹자가 있어도 회사의 모든 곳을 연결할 수 있고 상사가 필요한 정보에 닿게 해줄 수 있기 때문이다.

나의 경우에는 상사의 추천으로 비서 최초로 그룹에서 시행하는 연세대학교 MBA 프로그램을 수료할 수 있었는데, 약 8개 계열사에서 선발된 재원들이 경영과 재무, 인사와 조직, 회계 등을 교육받고 조별로 부여된 프로젝트를 수행하는 과정이다. 이렇게 함으로써 회사의 미래를 만들어 나가는 시뮬레이션과 현업에서도 적용하는 경험을 제공하여 미래 인재로서의 준비 과정을 갖게 된다.

전에는 꿈도 꿀 수 없었던 프로그램에 선발되었다는 것만으로 큰 자부심을 느낄 수 있었고, 게다가 프로그램에 참여하면서 동기들과 각 회사에서 가지고 있는 고민들과 해결점 등을 허심탄회하게 나누면서 우정을 다지고 서로의 동맹자가 되어줄 수 있었다.

지금은 모두 각자의 자리에서 팀장으로, 지점장으로, 그 역할을 해나가고 있고, 관리자로의 고민과 리더십의 방향 등을 서로 이야기하면서 강한 유대감을 가지고 지내고 있다.

혹시 사내에서 동맹자를 구할 수 없는가? 상사와 연락이 잦은 협력 회사나 일을 하면서 알게 되는 동종업계 비서들과 연대하는 방법도 있다.

나에게는 그런 비서 친구들이 있다. 10년 넘게 알고 지낸 사이지만, 우연한 계기에 커피 한 잔으로 더 가까워져 '비서 아카데미 협회'라는 이름까지 붙이고 함께하고 있다. 비록 셋뿐이지만, 함께 여행하고, 맛있는 걸 먹고, 사소한 농담을 나누며 서로에게 기댈 수 있는 사람들이다. 마음이 흔들릴 때 가장 먼저 연락하고, 업무 고민도 거리낌 없이 나눌 수 있는 안전지대이다.

2023년, 그중 한 명이 비서로서 25주년을 맞이했다. 우리는 작은 공로패를 준비했고, 그녀의 길고 단단한 시간 앞에 깊은 존경을 보냈다. 그날 문득, '나도 언젠가 저 자리에 서게 될까?'라는 생각을 하게 되었고, 그 생각만으로도 충분히 따뜻했다.

한길을 충실히 걸어온 나의 벗, 존재만으로도 감사한 사람들. 언젠가 그 자리에 서 있을 나를 상상하며, 오늘도 앞으로 나아간다.

25주년 기념식에 수여한 공로패

한 실장의 기술 전수

비서 생활에서 놓치지 말아야 할 동맹 포인트

1) 인사팀: 상사가 원하는 보고 내용의 적당한 담당자를 매칭해 줄 수 있는, 비서가 가진 취약한 인적 네트워크를 보완해 준다.
2) 경영지원팀: 상사가 받아야 할 복리후생과 각종 서포트를 놓치지 않고 받을 수 있다.
3) 기획팀: 전체적인 회사 방향과 연간 일정 등을 관장한다.

CHAPTER 3

딸의 장래희망

•

딸의 미래 상사도, 지금 나의 상사처럼
비서를 아끼고 존중해 주는 멋진 사람이길-
그래서 딸이 일터에서 즐겁게 일할 수 있게 되기를 바란다.

딸은 초등학교 5학년이다. 담임선생님은 반 친구들에게 다양한 '역할'을 부여하고, 한 학기 동안 그 역할에 책임감을 갖고 임하도록 했다. 회장부터 백수까지 여러 역할이 있었는데, 딸은 비서를 맡았다. "왜 비서를 선택했어?"라는 실문에 딸은 늘 "고소득자라서"라는 이상한(?) 대답을 했지만-(반에서 통용되는 '머니'로 숙제 면제권도 사고, 간식도 살 수 있는 시스템으로, 비서는 머니를 많이 받았다) 알고 보니 진짜 이유는 따로 있었다.

"엄마 같은 비서가 되고 싶어서."

높은 분과 함께 일하는 엄마의 모습이 멋져 보였고, 매일 바쁘게 일하면서도 즐거워 보이는 모습이 좋아 보였다고 했다. 그 말에 가슴이 벅차올랐다. 비서로 살아온 날 중 가장 뿌듯하고, 눈물이 날 만큼 기뻤던 순간이었다. 내가 좋아하는 일을 하며 살아온 삶이, 누군가의 미래가 되었다는 사실이 이렇게까지 가슴 깊이 와 닿을 줄은 몰랐다.

"학교에서는 비서가 무슨 일을 해?"라고 물었더니,

"선생님 도와드리는 거야! 창문도 닦고, 물도 떠다 드리고, 수업 준비도 해. 진짜 바빠!"라며 자신이 얼마나 중요한 일을 하고 있는지 목소리를 높이며 설명했다. 그 모습이 어찌나 귀엽고 대견하던지.

다음 학기에는 다른 역할을 맡게 되어 아쉬워했지만, 사원으로 시작해서 대리, 부장, 끝내 회장까지 당선된 딸의 행보는 초고속 승진의 정석이었다.

"그것 봐! 비서로 시작하니까 성공했잖아!"

엄마로서 이렇게 말할 수 있어 참 기뻤다.

현실에서도 딸이 그렇게 되기를 바란다. 일을 사랑하고, 함께 일하는 사람을 존중하고, 존중받으며 무엇보다 스스로 자부심을 갖고 일할 수 있는 그런 사람이 되기를.

딸이 그려준 책 표지
〈그림 설명: '아담의 창조'가 비서와 상사의 만남으로 재창조된 모습〉

한 실장의
기술 전수

"어떻게 한 분을 15년 이상 그렇게 오래 모실 수 있어요? 실장님 정말 대단하세요"라는 말을 듣는다.

하지만 나는,

"나를 오랜 시간 견뎌주시고, 삶을 인정해 주신 상사가 정말 대단한 분이라고 생각한다"고 답한다. 말 한마디면 직원을 교체할 수 있는 권력과 권한도 있는 사람이 비서의 여러 사정으로 인한 부재와 부족한 능력으로 인해 생기는 불편함을 인내하며, 성장시키려 격려하고 이끌어 준다는 것이 얼마나 대단한 일인가 말이다. 그런 감사함이 모여 세월을 만들고, 또 역사를 쌓아간다.

CHAPTER 3

'브런치' 작가와 사내강사

•

한 시간 내내 나만 얘기하는 이런 시간은 비서로서
굉장히 낯선 경험이었다. 말하는 직업도 꽤나 멋있는 것 같다.

비서 업무 매뉴얼을 쓰다가 브런치(카카오 콘텐츠 퍼플리싱 플랫폼) 작가가 되고, 사내강사까지 입문한 얘기를 해보려 한다.

처음에는 시실 별것도 아니었다. 문장들을 끄적거리나가 그것들이 모여서 글이 되고 하나의 에피소드가 되고, 여러 가지가 합쳐져 매뉴얼이 되었다. 그야말로 하다 보니 만들어진 것이다.

혼자 보기 아까워 회사 성과 평가할 때 제출하고자 했고, 제출하려다 보니 좀 더 격식 있게 꾸미게 되었다. 다른 사람들은 어떻게 만들었는지 살피고 비슷하게 만들다 보니 재미가 붙었다. 매뉴얼을 쓰며 자연스럽게 비즈니스 매너 관련 내용을 다루게 되었고, 브런치 작가로 활동하다가 회사에서 신입사원 대상 비즈니스 매너 강사 추천도 받게 되었다.

한번 해보자는 마음으로 덜컥 수락했지만, '자료만 준비하면 되겠지' 하는 안일한 생각은 금세 후회로 바뀌었다. 며칠 동안 자료를 만들고, 목이 쉴 때까지 연습한 끝에 겨우 강연장에 설 수 있었기 때문이다. 낯선 신입사원들과 함께한다는 것만으로도 무척 긴장되어 관련 영상을 찾아보고 준비했는데, '무작위 선물 공세법'이라는 유튜브 인기 강사가 알려준 팁으로 인해 다행히도 무사히 마칠 수 있었다.

사실, 비서가 사내강사까지 하게 되는 일은 흔치 않다. 하지만 때론 우연처럼 찾아온 기회들이, 준비된 사람에게는 커다란 발판이 된다. 늘 조용히 일만 하던 내가, 회사 생활의 고삐를 풀게 된 계기였다. 앞으로 더 많은 강연을 하게 되더라도, 처음 강연장에 섰던 그 설렘과 열정만은 절대 잊지 않을 것이다.

앞에서도 말했듯 '사서 고생'하는 스타일이라 가능한 일이었는지도 모르겠다. 누가 시킨 적도, 강요한 적도 없지만 스스로에게 허락한 열정이 나를 여기까지 이끌었다.

익숙함 너머의 도전은 늘 두렵지만, 그 끝엔 예상보다 멋진 내가 있길 기대하면서 오늘도 한 발짝 더 나아가려 한다.

'HANNAH'로 활동 중인 나의 '브런치 스토리' 페이지

비즈니스 매너 강연 자료

한 실장의
기술 전수

비서의 경험은 '확장 가능한 기술'

1. 기록은 경력의 복사본

매일의 업무를 남겨두면, 어느 순간 그것이 매뉴얼이 되고 콘텐츠가 된다.
"대단한 글"이 아니라 "쌓인 기록"이 결국 자산이 된다.

2. '내가 할 수 있는 것'의 경계 넓히기

비서는 일정, 커뮤니케이션, 매너, 프로젝트 등 이미 '강의가 가능한 재료'를 가지고 있다.
누가 시켜서가 아니라, 필요와 흥미가 생길 때 작게라도 먼저 해보는 것이 확장의 시작이다.

3. 준비된 사람에게 찾아오는 기회

매뉴얼을 만들었더니 강의가 왔고,
강의를 준비했더니 또 다른 확장이 생겼다.
준비는 기회의 선행조건이고, 확장은 준비의 자연스러운 결과다.

참고문헌

이 책을 쓰는 동안 여러 선배 저자들의 통찰에서 도움을 받았습니다. 독자 여러분과 함께 읽고 싶어 참고문헌으로 남깁니다.

『누구와 함께 일할 것인가』 댄 설리번, 벤저민 하디 (2023). 김미정 옮김. 비즈니스북스.

『비서사무실무』 조계숙, 최애경, 정성휘, 김미영, 윤미숙, 문민정, 이지은, 김소영, 김지영 (2025). 대영문화사.

『불변의 법칙』 모건 하우절 (2024). 이수경 옮김. 서삼독.

『일의 감각』 조수용 (2024). REFERENCE BY B.

『일을 잘한다는 것』 야마구치 슈, 구스노키 겐 (2021). 김윤경 옮김. 리더스북.

『자기결정성, 나로서 살아가는 힘』 김은주 (2025). 쌤앤파커스.

『현대비서학』 조계숙, 최애경, 정성휘, 정미숙, 김미영, 윤미숙, 조영아, 오지현 (2021). 대영문화사.

「성과평가제도 개선을 위한 기초연구: 비서직을 중심으로」 안지영 (2009). 이화여자대학교 국제사무학과 석사학위 논문.

『The Elevated EA』 Jacobs, Maggie (2020). Foresight Publishers Co.

감사의 글

많은 저자들이 "마음으로 낳았습니다"라고 책을 쓴 소감을 얘기할 때면 '뭐 그렇게 어려운 작업이라고 그런 말을 하는 것인가?'라는 생각이 들며, 실제 아이를 출산했던 기억을 되살려 보기도 했습니다.

하지만 지난 3년간, 수없이 많은 밤을 지새우며 부족함이 채워지지 않아 고통스러운 시간을 보낼 때면, 그 말이 얼마나 진심이었는지 알 수 있었습니다. 이제는 그 고통의 순간을 용기 있게 마주하여 책을 마무리하며, 애정으로 함께 해주신 분들께 감사의 말씀을 전하고자 합니다.

많은 소재와 글감을 제공해 주신 마음 따뜻한 권수미, 김윤주, 우은희, 최현지 님.

먼 곳에서도 응원해 주는 늘 그리운 서민희, 홍성신 님.
비서 아카데미 협회 회장과 부회장으로 존재만으로도 비서들의 수준을 높여주시는 이경아, 이소진 님.
직원들이 원하는 상사의 모범답안을 보여주시며 마음까지 사로잡는 리더들의 리더, 홍범식 사장님.
항상 많은 지원과 도움으로 격려해 주시는 따뜻함의 대명사 영원한 보스, 박세창 부회장님.

마지막으로,
너무나도 사랑하는 아들 지우와 딸 은우.
어느 순간에도 흔들림 없이 가족을 위해 애쓰는 나의 동반자 남편 조수민.

고맙습니다.

오늘도
살아남았습니다

초판 1쇄 발행 2026. 1. 12.

지은이 한희선
펴낸이 김병호
펴낸곳 주식회사 바른북스

편 집 임현정
디자인 김효나
표지디자인 노하은(BIBLESSOM)
마케팅 송송이 박수진 박하연

등록 2019년 4월 3일 제2019-000040호
주소 서울시 성동구 연무장5길 9-16, 606호 (성수동2가, 블루스톤타워)
대표전화 070-7857-9719 | **경영지원** 02-3409-9719 | **팩스** 070-7610-9820

•바른북스는 여러분의 다양한 아이디어와 원고 투고를 설레는 마음으로 기다리고 있습니다.

자비출판 투고 barunbooks21@naver.com
홈페이지 www.barunbooks.com | **유튜브** https://www.youtube.com/@Youtube_brTV
인스타그램 https://www.instagram.com/barunbooks7/ | **X(트위터)** https://x.com/barunbooks7
페이스북 facebook.com/barunbooks7 | **틱톡** https://www.tiktok.com/@barunbooks7

ISBN 979-11-7263-787-3 03190